Empoderado para Pastorear

Aprendizaje por medio de Videos para
Iglesias Basadas en Células

Joel Comiskey

JOEL COMISKEY
GROUP RESOURCING THE WORLDWIDE
CELL CHURCH

Publicado por CCS Publishing
6411 Los Arcos Street
Long Beach, CA 90815 USA
1-888-511-9995

Diseño del cubierto por Jason Klanderud

ISBN: 978-1-950069-63-7

CCS Publishing es el editorial de Joel Comiskey Group, un ministerio para ofrecer recursos, asesoramiento, y equipar a los líderes en el ministerio celular.

Se puede encontrarnos en: www.jcgresources.com/es/

CONTENTS

Fundamentos Bíblicos para el ministerio celular: Trinidad, Familia y contexto Bíblico

VIDEO DE YOUTUBE ▶

https://youtu.be/LhbW3kbqY-g

C omience con el porqué. ¿Cuál es el porqué del ministerio de los grupos pequeños?

Muchos pastores comienzan su jornada con los grupos pequeños con una gran visión del crecimiento de la iglesia. Quieren ser tan grandes como la *Iglesia Yoido Full Gospel* en Corea del Sur o la *Iglesia Elim* en San Salvador, El Salvador.

Y sí, Dios quiere que su Iglesia crezca. Pero Dios da el crecimiento a su tiempo. Cuando el crecimiento no llega tan rápido como se desea, muchos pastores abandonan la visión celular por otro programa más relevante o de moda.

Durante mucho tiempo, pensé que el crecimiento de la iglesia era la principal razón para implementar el ministerio de la iglesia celular. Obtuve mi doctorado en el Seminario Fuller y mi mentor fue Peter Wagner. Quería saber cómo Dios usó el ministerio de grupos pequeños para hacer crecer iglesias. El comité del doctorado me encargó estudiar las iglesias más grandes del mundo.

Encontré principios de crecimiento comunes en todas estas iglesias, y especialmente, en cómo estas iglesias estaban creciendo a través de los grupos pequeños. Empecé a escribir y enseñar acerca de cómo el ministerio celular podría traer el crecimiento de la Iglesia.

Después del doctorado, regresé a nuestra iglesia en Quito, Ecuador. Nuestra iglesia creció rápidamente y muchas iglesias en Quito estaban creciendo. Después de más de 100 años de misioneros sembrando la semilla, finalmente llegó la cosecha y las células ayudaron a recoger la cosecha.

Estaba más convencido de que si las iglesias pudieran simplemente seguir los principios celulares de los que escribía, también crecerían. Me encontré juzgando a las iglesias que crecían lentamente, pensando que no estaban haciendo los ajustes adecuados. Yo se los demostraría.

Entonces Dios me llevó a la parte trasera del desierto, como lo había hecho con su siervo Moisés. Planté una iglesia en Moreno Valley, California, usando los mismos principios de la iglesia celular que habíamos usado en Ecuador. Pero el crecimiento fue lento. Parecía que la gente prefería ir a una mega iglesia donde pudiera esconderse entre la multitud. Pocos realmente querían prepararse para liderar un grupo pequeño o participar como miembro de un equipo.

Al mismo tiempo, entrené a pastores en países más seculares de Europa y Australia. Estos pastores también enfrentaron la falta de crecimiento. La iglesia celular no fue una cura mágica. Algunos pastores empezaron la transición y luego la abandonaron en favor de un método más fácil y con menos trabajo. Batallé. ¿Cuál fue la razón del ministerio celular?

Lentamente, Dios comenzó a mostrarme una mejor manera de hacer el ministerio. Me di cuenta de que la razón principal de convertirse en una iglesia celular fue porque era bíblica. Las Escrituras, más que el pragmatismo, fueron la verdadera motivación, - el porqué del ministerio basado en grupos pequeños. Empecé a ver las Escrituras bajo una nueva luz.

Mientras escribía mi libro Discípulo Relacional, mi editor, Scott Boren, me desafió a criticar el individualismo norteamericano. Dudé en hacer esto porque estaba completamente condicionado por una mentalidad de crecimiento de la iglesia, que enseñaba que todas las culturas eran amorales y que la meta del pastor era encontrar las claves culturales que funcionarán en cada cultura en particular para producir el crecimiento de la iglesia.

Por supuesto, sentí que la iglesia celular produciría el mayor crecimiento, así que traté de ajustar la iglesia celular para que calzara con normas culturales particulares. Pero no estaba funcionando. Tuve que ir más profundo. En pocas palabras, descubrí que la teología genera metodología. Primero necesitamos establecer el fundamento bíblico y la metodología fluye desde ese punto.

La Trinidad

Me di cuenta de que Dios es una Trinidad: Padre, Hijo y Espíritu Santo. La Trinidad critica el individualismo. Dios es un Dios de comunidad y, en un sentido, es un grupo pequeño. Él ama la comunidad.

En ese momento, pensé que una comunidad era un obstáculo para el crecimiento de la iglesia. Aconsejé a iglesias y a grupos que no se volvieran demasiado íntimos unos con otros. Sin embargo, mientras escribía Discípulo Relacional, tuve que enfrentarme a más de 50 pasajes de las Escrituras. Dios, nuestro Dios relacional, desea una iglesia que practique el "los unos a los otros". Y tuve que admitir que las Escrituras criticaban el individualismo.

Volví a construir mi filosofía de ministerio a partir de la Biblia y no del pragmatismo. Empecé a enfatizar la Biblia como la base de la metodología en vez de buscar los métodos que funcionaran. En aquel entonces, no estaba seguro de que la iglesia celular fuera una estrategia bíblica o no. Descubrí que sí lo era.

La Familia de Dios

Dios creó a Adán y Eva para que vivieran en armonía y reflejaran su imagen. La familia en el Antiguo Testamento era el fundamento de la sociedad y la forma en que su pueblo escogido lo glorificaría. La nación de Israel era una nación de familias.

Cuando estoy dando seminarios acerca del ministerio celular, les digo a los pastores y líderes que la primera prioridad es la familia. He visto iglesias multiplicarse rápidamente sin tener en cuenta el tiempo que pasan lejos de la familia. El verdadero éxito comienza en casa.

Volviendo a la nación de Israel. Sí, fallaron en dar gloria a Dios. No lograron reflejar la imagen divina a través de la familia.

Cuando Jesús vino, declaró que el Reino de los Cielos había llegado. Jesús vino a establecer una nueva familia. Y noten que Jesús entró en los hogares. Conté diecinueve veces que Jesús entró en una casa. Jesús sabía que a menos que pudiera establecer su Reino donde la gente viviera y pasara la mayor parte de su tiempo, su gobierno sería limitado.

Jesús también envió a sus discípulos de dos en dos a las casas para declarar el Reino de Dios (Lucas 9 y 10; Mateo 10). Les dijo que buscaran a la persona de paz y luego se quedaran en la casa. La implicación era convertir al cabeza de familia y continuar el proceso a través de la multiplicación.

Cuando llegó Pentecostés (Hechos 2), los discípulos inmediatamente comenzaron a reunirse de casa en casa y cambiaron todo el mundo en aquel entonces. Era una estrategia increíble, cambiaban la sociedad y penetraban al mundo para Jesucristo.

Todos los creyentes podían ministrar y todos tenían una palabra profética. La iglesia también se reunía junta cuando le era posible. En Hechos 2:42-46, leemos que se reunían diariamente para escuchar las enseñanzas de los apóstoles, mientras también continuaban reuniéndose casa por casa. Pablo predicó públicamente y de casa en casa (Hechos 20:20).

La realidad es que el ministerio del Nuevo Testamento era un ministerio de casa en casa. No creo que podamos entender verdaderamente el Nuevo Testamento sin el contexto de la iglesia celular. Debemos recordar que la inspiración de la Biblia tiene que ver con el momento preciso en que los autores escribían sus cartas. Pero cada uno de ellos escribió en un contexto particular. El contexto del Nuevo Testamento era el ministerio de casa en casa.

Pablo le dijo a Timoteo: "Si me retraso, sepas cómo hay que portarse en la casa de Dios, que es la iglesia del Dios viviente, columna y fundamento de la verdad" (1ª Timoteo 3:15).

La casa fue la base para la iglesia primitiva. La iglesia se reunía en el hogar, como podemos ver en muchos pasajes:

- Iglesia en la casa de María (Hechos 12:12)
- Iglesia en la casa de Priscila y Aquila (Romanos 16:3-5)

- Iglesia en la casa de Aquila y Priscila (1ª Corintios 16:19)
- Iglesia en la casa de Ninfa (Colosenses 4:15)
- Iglesia en casa de Arquipo (Filemón 2)

He escrito un libro llamado Fundamentos Bíblicos para el Ministerio Celular, en el cual describo con gran detalle los fundamentos bíblicos para el ministerio de grupos pequeños.

Preguntas para reflexión

¿Cuál fue el principio central que aprendió de esta lección?

¿Cómo se relaciona la Trinidad con el ministerio de grupos pequeños?

¿Cómo están los grupos pequeños profundizando los lazos relacionales en su iglesia?

¿Qué pasos puede tomar su iglesia para convertirse en una iglesia más relacional?

Recursos sugeridos:

Libros:

- *El Discípulo Relacional: Como Dios Usa La Comunidad para Formar a los Discípulos de Jesús (Capítulos 1-7)*

Artículos en Internet:

La Trinidad y el Ministerio Celular
La Relación Entre la Trinidad y Cómo Afecta la Visión Celular
La Familia de Dios
Los Unos a Otros y la Visión Celular

Descargue este PowerPoint

PowerPoint de Joel Comiskey sobe esta lección:

https://tinyurl.com/5n832tc6

Fundamentos Bíblicos para el Ministerio Celular: Tamaño y Orden de la Reunión, Oikos, Desarrollo del Liderazgo y Celebración.

VIDEO DE YOUTUBE ▶

https://youtu.be/S6rIDg8RcNs

C reo que el *porqué* del ministerio celular es la base bíblica. Dios es una Trinidad y desea recibir gloria a través de la comunidad. La

Biblia, más que los resultados pragmáticos, debería juzgar todo lo que hacemos en el ministerio. La iglesia primitiva era un ministerio de casa en casa y, como resultado, cambió el mundo de aquel entonces.

Lo que hicieron en esas reuniones de la iglesia en las casas

Pero ¿qué hacían en esas reuniones de casa en casa? Pablo dijo a una iglesia en la casa: "Que habite en ustedes la palabra de Cristo con toda su riqueza: instrúyanse y aconséjense unos a otros con toda sabiduría; canten salmos, himnos y canciones espirituales a Dios, con gratitud de corazón" (Colosenses 3:16). Pablo escribió esta carta a una iglesia en una casa de Colosas. Su carta fue distribuida entre las iglesias en las casas.

Pablo exhorta a esta iglesia a ministrarse unos a otros a través de salmos, himnos y cánticos espirituales. Pablo quería que se enseñaran y amonestaran unos a otros mediante el poder del Espíritu Santo.

¿Qué más hicieron? Comieron juntos y recordaron la muerte y resurrección del Señor (la cena del Señor). Evangelizaron, oraron y compartieron anuncios de lo que estaba pasando en otras partes del mundo conocido. Sabemos que el Espíritu Santo se movía con los dones que distribuía a cada persona.

El orden de las iglesias en las casas de la iglesia primitiva era dinámico y flexible. Todos participaban. Tengo que recordar esto porque tengo la tendencia de recomendar un orden en particular en los grupos pequeños o deseo que todos sigan las mismas lecciones, pero siempre debo ser flexible al Espíritu Santo. El aspecto más importante del ministerio de grupos pequeños es que las personas salgan edificadas y animadas.

Tamaño de las primeras iglesias en las casas

¿Cuál fue el tamaño de las iglesias en las casas de la iglesia primitiva? Leemos en Hechos 2 que en el aposento alto podían caber 120 personas. ¿Era eso normativo? En realidad, esa casa en particular fue la excepción. La mayoría de las casas eran muy pequeñas.

Mi propio estudio del tamaño de las iglesias en las casas en aquel entonces fue entre 10 y 20 personas. Podrías llamarlas iglesias de apartamentos porque la mayoría de la gente vivía en ciudades muy densamente pobladas. Algunos expertos han notado que la densidad de las ciudades durante el Nuevo Testamento era mayor que la ciudad de Calcuta hoy en día. Había un montón de gente y los vecinos podían escuchar las oraciones y canciones, y ser testigos del cambio de vida de sus vecinos. La gracia de Dios fluyó de una casa a otra.

Relaciones Oikos

La palabra griega *Oikos* significa casa. Sin embargo, en el Nuevo Testamento la palabra también era más amplia. *Oikos* significaba relaciones cercanas como con primos y familia extendida y con aquellos con alguna conexión a la casa. Y fue a través de estas relaciones que la iglesia primitiva extendió su red de alcance —los creyentes alcanzando a sus primos, parientes y amigos cercanos.

El alcance del Oikos hoy es la mejor manera de ganar familiares y amigos. El amor es la mejor atracción para llegar a gente con el evangelio. A la gente no le interesa cuanto sabemos hasta que les mostramos cuanto nos interesan. La forma más efectiva de alcance es a través del ministerio que se basa en llegar a la necesidad de las personas.

Desarrollando ministros a través de la estructura de la casa

¿Cómo la iglesia primitiva levantó a nuevos líderes? A menudo, el anfitrión se convertía en el siguiente líder del grupo pequeño. Aquellos llenos del Espíritu de Dios abrirían sus hogares, invitarían a sus Oikos, y alcanzarían a sus amigos y vecinos. Entonces, nuevos líderes tomarían la antorcha del evangelio.

El liderazgo en el Nuevo Testamento estaba orientado al equipo. Equipos de líderes abrieron grupos celulares o supervisaron a células ya existentes. El Nuevo Testamento siempre usa la pluralidad de liderazgo.

Entro en detalle sobre estos conceptos en mi libro *Fundamentos bíblicos para la iglesia basada en células*.

La conexión entre las iglesias en las casas

Los apóstoles eran el equipo directivo principal, seguido por los obispos/ancianos/pastores (las tres palabras se usaban para describir la misma posición). Los líderes como obispos/ancianos/pastores supervisaron a diferentes iglesias en las casas. Los diáconos eran ministros dentro de las iglesias en las casas y muy probablemente líderes de iglesias en las casas.

Las iglesias en las casas se reunían siempre que fuera posible para escuchar la enseñanza y recibir aliento. Las iglesias en las casas no eran entidades independientes, sino que estaban conectadas a través de la estructura de liderazgo del Nuevo Testamento.

Volviendo a los principios del Nuevo Testamento

Pablo dice en Romanos 15:14: "Por mi parte, hermanos míos, estoy seguro de que ustedes mismos rebosan de bondad, abundan en conocimiento y están capacitados para instruirse unos a otros."

Pablo exhortó a estos creyentes en Roma a recordar que el Espíritu Santo les había hecho competentes para instruirse unos a otros.

Tristemente, la tradición dice que el pastor es quien instruye; la inferencia en muchas iglesias es:

"ven, siéntate, canta, escucha, ayuda, da dinero y regresa". La iglesia es solo los domingos por la mañana en un edificio o local. Apoyar los comités y programas. Pero la Escritura enseña que los santos pueden instruirse unos a otros. El sacerdocio de todos los creyentes aprende a hacer ministerio. El pueblo de Dios es la iglesia todos los días de la semana.

Pablo dice en Efesios 4:11-12: "Él mismo constituyó a unos, apóstoles; a otros, profetas; a otros, evangelistas; y a otros, pastores y maestros, a fin de capacitar al pueblo de Dios para la obra de servicio, para edificar el cuerpo de Cristo".

La tradición enseña que el pastor es el ministro. Los pastores guían a la iglesia a través de la predicación y el cuidado. El crecimiento depende del talento del pastor. Sin embargo, la Escritura enseña que todos son ministros y están llamados a ejercer el ministerio. El papel de un pastor o líder bíblico es equipar a la gente para el ministerio. El crecimiento viene cuando la gente se prepara para el ministerio.

Pablo le dijo a Timoteo: "Lo que me has oído decir en presencia de muchos testigos, encomiéndalo a creyentes dignos de confianza, que a su vez estén capacitados para enseñar a otros." 2ª Timoteo 2:2

Muchos pastores piensan: "Si levanto otros líderes, ya no seré necesario ni valorado". Sin embargo, las Escrituras enseñan que levantar a nuevos líderes ayudará a los pastores a expandir la base del ministerio. Los líderes siempre son necesarios para cumplir con su función ministerial de equipamiento.

Preguntas para reflexión

¿Cuál fue el principio central que aprendió de esta lección?

Comiskey habla de lo que hacían en las primeras iglesias en las casas. ¿Cómo compararía lo que hacían con lo que hace actualmente en sus grupos pequeños?

¿Cómo sus grupos están practicando el "Evangelismo Oikos", tal como lo hacía la iglesia primitiva?

Recursos sugeridos:

Libros:

- *Fundamentos Bíblicos para la Iglesia Basada en Células: Percepciones del Nuevo Testamento para la Iglesia del Siglo (Capítulos 1-9)*

Artículos en Internet:

La Casa en la Iglesia Primitiva
El Liderazgo en la Iglesia Primitiva
La Conexión entre Célula y Celebración en la Iglesia Primitiva

Descargue este PowerPoint

PowerPoint de Joel Comiskey sobre esta lección:

https://tinyurl.com/mryjpcrb

CAPÍTULO 3

Haciendo Discípulos: El Principio Bíblico Más Importante

VIDEO DE YOUTUBE ▶

https://youtu.be/DtixGgZQKKw

Simon Sinek fue un hombre de negocios exitoso. Sabía cómo vender cosas. Pero también estaba aburrido de ser un exitoso hombre de negocios. Sabía lo que estaba vendiendo e incluso cómo venderlo, pero realmente no sabía por qué estaba vendiendo sus productos.

Comenzó a estudiar a los líderes exitosos de todo el mundo y descubrió que sabían por qué estaban haciendo lo que estaban haciendo. Tenían la motivación correcta detrás de su liderazgo. Les apasionaba saber por qué lideraban.

Muchos pastores comienzan el ministerio de la iglesia celular porque han oído hablar de una iglesia famosa, y en crecimiento, que realiza el ministerio celular. Tal vez hayan escuchado que, si simplemente siguen un modelo exitoso, también experimentarán el mismo tipo de crecimiento. El síndrome del éxito mágico es común en todo el mundo hoy en día.

Sin embargo, una motivación más pura y bíblica debe llenar el alma del pastor. La mejor razón para hacer un ministerio basado en grupos pequeños es porque es bíblico. Sin embargo, decir que es bíblico parece muy amplio. ¿Cuál es la base bíblica principal? O, dicho de otra manera, si hubiera algún principio bíblico que se considerara el más importante, ¿cuál sería?

Haciendo discípulos: el principal Porqué detrás del ministerio de los grupos pequeños

Creo que hacer discípulos es la motivación bíblica #1 detrás del ministerio de grupos pequeños. Permítanme explicar.

Jesús dio órdenes de marcha a sus discípulos en Mateo 28:18-20: "Toda potestad me es dada en el cielo y en la tierra. Id, pues, y haced discípulos a todas las naciones, bautizándolos en el nombre del Padre y del Hijo y del Espíritu Santo, y enseñándoles a obedecer todo lo que os he mandado. Y ciertamente estaré con vosotros todos los días, hasta el fin del mundo."

El único mandamiento en estos versículos es hacer discípulos. Y observe que Jesús dio su mandato a sus propios discípulos con quienes había caminado durante tres años. Le hicieron preguntas a Jesús, vieron sus milagros y aprendieron lecciones en el grupo. El factor del grupo era importante porque podían fallar, recibir correcciones, aprender de los otros discípulos y practicar las enseñanzas de Cristo.

Cuando Jesús les dijo que hicieran nuevos discípulos, no estaba enviando a cada uno a buscar un discípulo individual. No, los estaba enviando para formar grupos de discípulos.

Recuerde que Jesús los había enviado de dos en dos a las casas (Lucas 9-10; Mateo 10). Las instrucciones de Cristo fueron que encontraran a la persona de paz, permanecieran en el hogar y permitieran que el dueño de la casa practicara la hospitalidad.

El objetivo más amplio era multiplicar el grupo con nuevos discípulos.

Lo sabemos porque cuando llegó Pentecostés (Hechos 2), inmediatamente comenzaron a reunirse casa por casa, tal como Jesús les había enseñado. La iglesia primitiva era un movimiento de discipulado que se reunía de casa en casa y celebraba cada vez que podía (Hechos 2:42-46; 5:42; 20:20). Hacer discípulos es la principal motivación detrás del ministerio de grupos pequeños.

Comunidad

La primera razón es porque la comunidad tiene lugar en el contexto de un grupo pequeño. Nos volvemos como la Trinidad cuando practicamos el "unos a los otros". El objetivo principal es llegar a ser discípulos de Cristo.

Piense en el propio grupo pequeño de Cristo. Qué grupo de personas tan heterogéneas. Mateo el recaudador de impuestos, Pedro el pescador, Judas el rebelde, etc. Naturalmente, no se amaban ni se gustaban. Pero Jesús les lavó los pies y luego les dijo que hicieran lo mismo. Al final del período en el que Cristo vivió con ellos, él pudo decir, "por su amor el mundo creerá" (Juan 13:35).

Mientras realizo seminarios en todo el mundo, una pregunta que la gente suele hacer es: "No me llevo bien con fulano de tal en mi grupo. ¿Qué tengo que hacer? ¿Debería ir a otro grupo?" Me gusta responder a esa pregunta diciendo: "No, quédate ahí. Dios será glorificado aún más cuando te dé un amor sobrenatural por esa persona.

Pedro dijo: "Sobre todo, ámense los unos a los otros profundamente, porque el amor cubre muchísimos pecados" (1 Pedro 4:8). Pedro estaba escribiendo a una iglesia en casa, diciéndoles que cubrieran los pecados de los demás. Pedro conoció y experimentó el amor de Dios hacia él, incluso después de negarlo tres veces. Pedro exhortó a los creyentes a practicar ese mismo tipo de amor que perdona.

Alguien dijo que si quieres saber si amas a alguien, simplemente entra en conflicto con esa persona y pronto descubrirás cuánto lo amas.

Mi esposa Celyce es una gran líder de grupos pequeños. Una vez tenía una señora en su grupo que chismeaba sin cesar. Celyce sabía que tenía que hablar con ese miembro de la célula y eventualmente lo hizo. ¿Por qué? Porque Celyce entendió que necesitaba ser más como Cristo, y hablarle la verdad con amor fue parte de ese proceso. Ella habló con ella, como Jesús nos dice que hagamos en Mateo 18.

Sacerdocio de todos los creyentes

Otra forma importante de hacer discípulos en el grupo pequeño es a través del sacerdocio de todos los creyentes. Todo creyente tiene al menos un don espiritual (1 Pedro 4:10) y es un miembro importante del cuerpo de Cristo (1 Corintios 12:12-26). Todos los pasajes sobre los dones fueron escritos para las iglesias en las casas.

En las primeras iglesias en las casas, cada creyente ministraba y crecía para parecerse más a Jesús en el proceso.

Lo mismo es cierto en el ministerio de grupos pequeños hoy. Cada persona puede salir y usar sus dones, ministrar a otros y participar activamente. El domingo, la congregación normalmente se sienta y escucha. El ministerio de grupos pequeños está diseñado para que todos participen.

He notado un secreto en el ministerio pastoral. El pastor, a diferencia de los que están sentados, crece más que la congregación. ¿Por qué? Porque el pastor debe confiar en Dios cuando ora por los enfermos, prepara y entrega el mensaje, aconseja a los necesitados, etc. Los que están sentados y escuchando hacen muy poco.

Todo esto cambia en el grupo pequeño. Todos están involucrados, compartiendo, ejercitando sus dones y ministrando a los demás.

Recuerdo cuando di un seminario de grupos pequeños en Connecticut. Había predicado esa mañana y después respondí preguntas. Un líder de un grupo pequeño de jóvenes dijo: "Me preparo muy duro para mi lección, pero cuando dirijo el grupo, los jóvenes parecen muy aburridos. ¿Qué tengo que hacer?" El pastor principal y yo nos miramos y luego lo miramos diciéndole: Bienvenido.

Le dije al líder del grupo pequeño de jóvenes que yo había predicado esa mañana y que dos personas se estaban quedando dormidas, pero que tenía que seguir predicando, no podía parar. El pastor le dijo que los lunes, después de la predicación del domingo, suele ser su peor día porque recuerda todas las cosas que debería haber dicho en su mensaje.

Le dijimos a este líder juvenil que estaba aprendiendo a ser como un pastor. Y, por supuesto, esto también se aplica a los miembros.

Ejercitar nuestros músculos en el ministerio de grupos pequeños es fundamental para llegar a ser como Jesús y sacerdote del Dios vivo (Apocalipsis 1:6).

Conclusión

Convertirse en un discípulo de Jesús es mucho más que una comunidad de pequeños grupos o del sacerdocio de todos los creyentes. También involucra el evangelismo, la multiplicación e incluso la participación en el sistema de grupos pequeños—celebrando juntos, equipando y supervisando.

Necesitamos recordar que la motivación detrás del ministerio de grupos pequeños es hacer discípulos que hagan discípulos.

Preguntas para reflexión

¿Cuál fue el principio central que aprendió de esta lección?

¿Qué enseña la Biblia acerca de hacer discípulos?

¿Por qué cree Joel Comiskey que hacer discípulos es la motivación principal para el ministerio basado en células? ¿Qué opina?

¿Cómo contribuye la comunidad y el sacerdocio de todos los creyentes a llegar a ser como Jesús?

Recursos sugeridos:

Libros:

- *Haciendo Discípulos En La Iglesia del Siglo Veintiuno: Como La Iglesia Basada En Células Moldea a Los Seguidores de Jesús (Capítulos 1-4).*

Artículos en Internet:

Hacer Discípulos: La Motivación Bíblica
El Discipulado A Través de la Comunidad
El Discipulado A Través del Sacerdocio de Todos
    Los Creyentes

Descargue este PowerPoint

PowerPoint de Joel Comiskey sobre esta lección:

https://tinyurl.com/yyud648p

Haciendo Discípulos: cómo el Evangelismo, la Multiplicación y el Sistema Celular hacen Discípulos

VIDEO DE YOUTUBE ▶

https://youtu.be/h5dmrqnNgA0

Creo que hacer discípulos que hagan discípulos es la razón clave detrás del ministerio de grupos pequeños. Jesús reunió a sus propios discípulos en un grupo pequeño, les enseñó en un ambiente interactivo, permitió que fracasaran y luego les dijo que hicieran nuevos discípulos (Mateo 28:18-20).

Sabían de lo que estaba hablando. Jesús los había enviado previamente a los hogares como la estrategia principal del ministerio. Los discípulos siguieron la estrategia de Cristo cuando vino el Espíritu el día de Pentecostés. Inmediatamente penetraron en las casas y apartamentos del Imperio Romano y se reunieron siempre que fue posible (Hechos 2:42-46; 5:42; 20:20). La principal razón para reunirse en los hogares como un grupo pequeño es hacer discípulos que hagan discípulos.

Mientras los creyentes ejercitaban sus músculos espirituales, invitaban a los no cristianos y amaban a los que no eran como ellos, el cristianismo explotó por todo el imperio romano. El movimiento fue imposible de detener y finalmente se convirtió en la religión oficial del Imperio Romano durante los días de Constantino.

Evangelización

El evangelismo es importante en el proceso de convertirse en discípulos de Jesucristo. Sí, sabemos que el infierno es real, y que, sin confiar en Jesús como Señor y Salvador, la gente irá al infierno. Tenemos una misión urgente de compartir el evangelio con tantas personas como sea posible. Sin embargo, también hay otro ingrediente importante al compartir las buenas nuevas: crecemos como discípulos de Cristo en el proceso.

Mientras el grupo ora, planifica e invita, cada miembro ejercita sus músculos espirituales y crece para llegar a ser como Jesús. Creo que cada grupo pequeño necesita evangelizar intencionalmente y llegar a ser todo lo que Jesús quiere que sea.

Déjame darte un ejemplo. Estaba supervisando un grupo pequeño y casualmente estaba presente mientras planeaban una actividad de evangelismo. El líder del grupo pequeño sintió que deberían hacer una parrillada para invitar y atraer a personas que no asisten a la iglesia y no son cristianas. Uno de los miembros del grupo pequeño se resistió a la idea y dijo: "No creo que venga gente. Lo hemos intentado antes. Creo que deberíamos concentrarnos en nosotros mismos". Hablé y dije: "El propósito detrás de tener la parrillada no es principalmente cuántas personas se presenten. Sí, queremos eso y oraremos por ese fin. Pero la razón principal es llegar a ser más como Jesús y ejercitar nuestros músculos espirituales en el proceso de alcanzar a otros".

Me he dado cuenta de que muchos grupos no alcanzan a otros por miedo al fracaso. Sin embargo, la motivación de convertirnos en discípulos de Jesús nos ayuda a recordar que, el alcance a otros a través de los grupos pequeños es esencial en el proceso de llegar a ser como Jesús.

Multiplicación

Muchas personas se resisten a la multiplicación porque imaginan la división de los grupos pequeños y la fragmentación del grupo. Algunos han tenido experiencias negativas al despedirse de amigos y familiares.

Creo que es importante entender la multiplicación desde el punto de vista de hacer discípulos que hacen discípulos. Hacer discípulos de Jesús debe ser el enfoque principal: la multiplicación es el resultado.

Creo que la imagen principal de la iglesia en el Nuevo Testamento es la familia de Dios. Jesús desea establecer nuevas familias que lleguen a nuevas comunidades. Mi hija Sarah ha estado casada por más de 7 años. Recuerdo cuando Jake, su esposo, se acercó a mí para decirme que quería casarse con Sarah. Podría haberle dicho: "No, Jake, el único hombre en la vida de Sarah soy yo". Pero Sarah quería casarse y formar una nueva familia. Jake, un hombre piadoso, amaba a Sarah y quería comenzar una relación con ella. Ahora tengo tres nietos y me siento muy bendecido. Pero mi punto es que establecer nuevas familias es natural, normal y parte del proceso de creación de Dios.

Lo mismo ocurre con la multiplicación celular. Multiplicar nuevas familias es agradable a Dios y deseable. Sin embargo, no podemos multiplicarnos a menos que tengamos discípulos. Mi definición de un grupo celular es: *Grupos de 3 a 15 que se reúnen semanalmente fuera del edificio para evangelizar, tener comunidad, y crecer espiritualmente con la meta de hacer discípulos que hacen otros discípulos, lo que resulta en la multiplicación.* Fíjate que en esta definición hablo de la multiplicación como resultado de hacer discípulos.

He tenido que aprender esta verdad de la manera más difícil. En el pasado, estaba tan concentrado en la multiplicación que comencé grupos demasiado rápido. Yo creía que tenía que multiplicarme después de cierto número de meses, alrededor de seis, ya sea que se formaran o no discípulos. Esos grupos cerraron rápidamente porque carecían de un liderazgo preparado. Hacer discípulos que hacen discípulos debe ser el enfoque.

Y el Nuevo Testamento habla de enviar equipos de liderazgo, así que no creo que sea prudente multiplicar un grupo sino hasta haber formado un equipo de líderes que pueda continuar el proceso.

Haciendo discípulos en el sistema celular

Hacemos discípulos en el grupo celular pero también en el sistema celular. Creemos que el Nuevo Testamento habla de grupos pequeños que se reúnen de casa en casa y que juntaban esos grupos pequeños en una reunión más grande (Hechos 2:42-46).

Reunión de celebración

Los grupos que se reúnen en las casas durante la semana luego se reunirán el fin de semana para adorar, escuchar la Palabra de Dios y tener compañerismo.

La reunión más grande es un buen momento para escuchar predicaciones ungidas y preparadas. El grupo pequeño normalmente aplica esa enseñanza. En la reunión más grande, todos los grupos se reúnen. En las reuniones más pequeñas, los grupos individuales se reúnen para aplicar las Escrituras, evangelizar y crecer para ser más como Jesús.

La reunión más grande destaca la familia extendida de Dios. Por ejemplo, Oscar era parte de mi grupo pequeño. Cuando multiplicamos el grupo, ya no vi a Oscar en el grupo celular, pero sí lo vi el domingo. Multiplicar grupos es mucho más fácil cuando sabemos que no nos estamos despidiendo por última vez.

Los pastores pueden proyectar la visión para el ministerio de grupos pequeños, incluir testimonios de grupos pequeños en el grupo más grande y guiar el sistema de grupos pequeños de manera más efectiva. Sin embargo, el objetivo general es hacer discípulos que hagan discípulos.

Capacitar a toda la iglesia

Las iglesias basadas en grupos pequeños le piden a cada miembro que pase por un proceso de preparación que les enseñará los conceptos básicos de la Biblia: cómo liberarse de los pecados que los acosan, cómo tener momentos de quietud, cómo evangelizar y cómo liderar un grupo pequeño.

Creo que cualquiera en la iglesia puede ser parte de un equipo de liderazgo que comience una nueva familia espiritual. Pero el primer paso es pasar por el proceso de capacitación y equipamiento. Me gusta decirles a las iglesias que se decidan solo por una ruta de capacitación con muchas formas de enseñar el equipamiento (por ejemplo, escuela dominical, retiros, uno a uno, etc.).

El equipamiento de discipulado les da a los futuros líderes la confianza para saber qué se espera y qué esperar.

Asesorando/Supervisando a los Líderes

Supervisar a cada líder es el pegamento que mantiene unido el sistema de grupos pequeños. La supervisión o el coaching es el proceso para hacer discípulos. Los líderes de grupos pequeños se dan a sus miembros, pero los supervisores les devuelven a los líderes de grupos pequeños lo que han dado, escuchándolos, alentándolos, cuidándolos, planificando, elaborando estrategias y desafiándolos.

El coaching (supervisión) se lleva a cabo a un nivel de liderazgo más amplio y uno a uno entre el coach y los líderes. Algunas iglesias de grupos pequeños llaman supervisores a sus coaches, pero a mí me gusta más la palabra "coach". Dar coaching a los líderes ayuda a cada uno de ellos a mantenerse fuerte y les brinda los recursos para continuar a largo plazo.

Manténgase enfocado en hacer discípulos

La gran comisión de Cristo es tan relevante hoy como lo fue cuando les habló a sus discípulos. A través del sistema de grupos pequeños, Jesús prepara discípulos que hacen otros discípulos. Jesús edificará su iglesia y nosotros tenemos el privilegio de participar en lo que está haciendo.

Preguntas para reflexión

¿Cuál fue el principio central que aprendió de esta lección?

¿Cómo la evangelización y la multiplicación moldean a los cristianos para que se conviertan en discípulos de Cristo?

¿Cómo el culto dominical (las reuniones de celebración) desarrolla discípulos semejantes a Cristo?

¿Cómo contribuye la supervisión y la capacitación al proceso de llegar a ser como Jesús?

Recursos sugeridos:

Libro:

- *Haciendo Discípulos En La Iglesia del Siglo Veintiuno: Como La Iglesia Basada En Células Moldea a Los Seguidores de Jesús (Capítulos 5-9).*

Artículos en Internet:

El Discipulado A Través de Evangelismo
El Discipulado A Través de Multiplicación
Relación entre Célula y Celebración
Haciendo Discípulos A Través de la Supervisión

Descargue este PowerPoint

PowerPoint de Joel Comiskey sobre esta lección:

https://tinyurl.com/3dmwhna7

CAPÍTULO 5

Principios Clave en la Iglesia Basada en Células

VIDEO DE YOUTUBE ▶

https://youtu.be/9p6QeDPtRRY

Introducción:

Mientras viajo por el mundo, a menudo escucho sobre modelos. Una iglesia ha tenido éxito y luego quiere que todos sigan exactamente lo que están haciendo. A veces es por ganancia financiera o por orgullo. Sin embargo, el problema con seguir modelos es doble: 1. Pérdida de creatividad 2. División en la iglesia.

Cuando una iglesia sigue exactamente el modelo de alguien más, esa iglesia siempre tiene que recurrir al fundador del modelo cuando las cosas no salen bien. En otras palabras, la iglesia pierde la creatividad de seguir al Espíritu de Dios y se ata a un modelo en particular.

El otro problema es la división que provocan los modelos. He visto ciertos modelos de iglesias celulares destrozar iglesias dentro de las mismas denominaciones. A menudo ni siquiera puedo mencionar modelos particulares mientras viajo por el mundo debido a la terrible división que esos modelos han causado.

Tres fundamentos clave

Les digo a las iglesias que edifiquen sobre tres cimientos.

Primero, la base bíblica. Hacemos ministerio de iglesia celular porque creemos que es bíblico.

Segundo, los principios que siguen todas las iglesias celulares. Mientras investigaba iglesias basadas en grupos pequeños en todo el mundo, tenía que encontrar principios que todas ellas siguieran. Si un principio no era común en todas las iglesias celulares, tenía que desecharlo.

Tercero, convertirse en un ejemplo donde la iglesia ministra. Creo que cada iglesia debe intentar implementar su propia estrategia y convertirse en un ejemplo donde están. A medida que Dios da crecimiento, otros pueden querer aprender de lo que Dios ha hecho a través de la iglesia. La respuesta no es "sigue mi modelo", sino "sigue los principios" y Dios te dará fruto en tu propio contexto.

El primer lugar para buscar es la Escritura. El ministerio de la iglesia celular es bíblico. Pero ¿cuáles son los principios clave que siguen las iglesias celulares en crecimiento? Permítanme destacar cuatro.

Dependencia de Jesucristo a través de la oración

Todas las iglesias celulares en mi investigación eran iglesias de oración. Cada una de ellas dependía totalmente de Jesucristo para hacer el trabajo. No dependían de sus estrategias sino de Jesucristo. Todas estas iglesias celulares enfatizaron la oración e hicieron de la oración la base de todo lo que realizaron.

Realicé un estudio en una iglesia celular famosa y ellos me hospedaron en un apartamento en su iglesia con vista al santuario. Cada mañana, me despertaban a las 4 a.m. con alabanza y adoración. Luego venía otro grupo a las 5 a. m. y otro grupo a las 6 a.m. Dios contestó sus oraciones y la iglesia experimentó un poderoso mover del Espíritu de Dios.

Ahora, no creo que podamos manipular a Dios. Él es soberano y nosotros no. Sin embargo, creo que a Dios le gusta visitar esas iglesias que oran.

Dios es Aquel que bendice las iglesias que oran. Pienso en la Iglesia del Evangelio Completo de Yoido en Corea. Tallaron una montaña de oración en lo que fue un cementerio. Unas 10,000 personas oran en esa montaña cada semana.

Otras iglesias tienen reuniones o vigilias de oración de toda la noche o de medianoche. No creo que haya una sola forma de orar. Algunas iglesias tienen cadenas de oración, pequeños grupos de oración, oración temprano en la mañana, oración nocturna, etc. Lo importante es orar. Lo que funcione mejor para su iglesia es la mejor estrategia, pero la clave es hacerlo. Mi esposa suele decir: "Joel, cuando hagas estos seminarios sobre grupos pequeños, recuerda decirles que la oración es la clave.

Tengo la tendencia a desviarme hacia el ámbito de las técnicas, pero Dios desea que recuerde que la oración debe ser nuestro enfoque principal.

Pastor principal y equipo de liderazgo brindando un liderazgo fuerte y visionario

Los pastores apasionados y comprometidos lideran iglesias celulares fructíferas. No es suficiente que el pastor principal tenga la visión, la visión debe tener al pastor. Les digo a los pastores principales que ni siquiera comiencen su transición hasta que estén seguros de que esto es lo que quieren hacer de por vida.

Los pastores principales enfrentarán muchos vientos encontrados: personas que intentan alejar al pastor del enfoque celular. A menos que el pastor principal esté apasionado y convencido de que la iglesia celular es bíblica y es la mejor manera de hacer discípulos que hagan discípulos, es muy fácil detenerse a mitad del camino o desviarse en otra dirección.

Siempre me impresiona cuando el pastor principal asiste regularmente a un grupo celular o lo dirige. La participación del pastor indica a gritos a la congregación que el ministerio de grupos pequeños es esencial. También ayuda al pastor a conectar el sermón con la célula y a comprender lo que la gente está experimentando. Por supuesto, puede haber un momento en que el pastor principal priorice la supervisión y no dirija un grupo celular, pero en lo posible, pienso que es importante que asista a uno.

El ministerio celular es promovido a ser la columna vertebral de la iglesia

A menudo escuchaba la frase "el ministerio celular es nuestra columna vertebral" cuando visitaba iglesias celulares en todo el mundo. La columna vertebral es central y crítica en el cuerpo humano. Mi buen amigo y compañero creyente, Kevin Strong, murió hace varios años de cáncer cerebral. Sin embargo, su cáncer cerebral estaba ubicado en sus vértebras. En otras palabras, las vértebras son parte del cerebro.

El ministerio de grupos pequeños no debe ser relegado a "otro programa más". Debe ser el centro de todo. ¿Qué quiero decir en la práctica con esto? El objetivo es que todos los asistentes formen parte de un grupo pequeño como prioridad. Las iglesias locales tienen otros ministerios además de los grupos celulares, pero en la iglesia celular, el primer lugar para comenzar es la participación celular.

Si alguien quiere estar en el equipo de adoración, esa persona primero debe participar activamente en un grupo celular. Si quieren ser ujieres o trabajar con niños, un requisito clave es participar en un grupo celular. Las células son la columna vertebral, el centro del ministerio, tal como en el Nuevo Testamento.

Obviamente, el proceso tomará tiempo, especialmente si una iglesia recién comienza el ministerio celular. El cuarto principio tiene que ver con la calidad del grupo pequeño.

Definición clara de un grupo celular

Algunas iglesias llaman grupos celulares a todo lo que es pequeño y a cualquier grupo. Esto incluiría a la escuela dominical, el ministerio de prisiones, a los ujieres y a los miembros de la Junta Directiva. Pero ¿son esos grupos pequeños grupos celulares?

Creo que es importante comenzar con una definición clara. Defino los grupos pequeños de esta manera:

Grupos de 3 a 15 que se reúnen semanalmente fuera del edificio de la iglesia con el propósito de evangelizar, tener comunidad y crecer espiritualmente, con el objetivo de hacer discípulos que hagan discípulos y que esto resulte en multiplicación.

La célula es la iglesia y la iglesia es la célula.

No hay que reducir la importancia a la definición de lo que es una célula.

Una vez que tengamos una definición clara de lo que constituye una célula, entonces la homogeneidad (por ejemplo, familia, hombres, mujeres, jóvenes) puede fluir naturalmente desde ese punto de partida.

Acabo de resaltar los cuatro grandes principios, pero hay otros que analizo con más detalle en mi libro Recoged la Cosecha.

Preguntas para reflexión

¿Cuál fue el principio central que aprendió de esta lección?

¿Cuál principio es el más necesario para usted en este momento?

Describa la vida de oración en su iglesia. ¿Qué puede hacer para mejorarla?

Como pastor, ¿qué puede hacer para estimular la visión de la célula?

Recursos sugeridos:

Libros:

– *Recoged la Cosecha: Cómo organizar un sistema celular para el crecimiento de su iglesia (Capítulos 3, 7-9).*

Artículos en Internet:

La Prioridad de la Oración
El Pastor y Su Visión de Crecimiento
Células como la Base en la Visión Celular
¿Qué es una Célula?

Descargue este PowerPoint

PowerPoint de Joel Comiskey sobre esta lección:

https://tinyurl.com/sfhy5k6b

CAPÍTULO 6

Tres Claves para el Éxito Pastoral

VIDEO DE YOUTUBE ▶

https://tinyurl.com/3nf2znm5

H e tenido el privilegio de estudiar iglesias celulares en todo el mundo y también de asesorar a pastores en el ministerio de células.

He visto pastores que dirigen a sus iglesias con pasión, visión y dirección clara. A la vez, he notado a pastores que pierden la visión celular y deciden que el ministerio de la iglesia celular no vale la pena.

Normalmente vuelven al modelo convencional diciendo: "La iglesia celular simplemente no funciona". O se quedan con este pero sus iglesias no se dirigen a ningún lado.

¿Cuáles son algunos de los principios clave que he observado?

Primero, la oración.

Los pastores exitosos de las iglesias celulares se dedican principalmente a la oración. Poco sucederá a menos que el pastor priorice su propia vida de oración y su iglesia se dedique a la oración.

A Dios le encanta usar la estrategia de la iglesia celular, pero él no será utilizado por esta. Siempre me sorprende cuando visito Yoido Full Gospel Church en Korea del Sur, la iglesia más grande en la historia del cristianismo. Esta iglesia tiene 25,000 células. Sin embargo, la razón por la cual esta iglesia ha crecido tanto es la oración ferviente. Unas 10,000 personas pasan por la montaña de oración cada semana.

Pastor, ¿qué tipo de oración está ocurriendo en su iglesia? ¿Se está dedicando a la oración?

Segundo, entender "el porqué" detrás del ministerio celular.

Simon Sinek escribió un libro famoso, *Comienza con el porqué*. En ese libro, habla de grandes líderes que han cambiado la sociedad. Se dio cuenta de que estos líderes sabían por qué estaban haciendo lo que estaban haciendo. Entendieron su motivación.

Muchos pastores entran en el ministerio de la iglesia celular por una razón equivocada y terminan abandonándolo prematuramente. Quizá quisieron tener una iglesia más grande o quizá habían escuchado sobre el tremendo crecimiento en Corea del Sur o en El Salvador y pensaron que la iglesia celular por si sola haría que su iglesia creciera.

Sin embargo, cuando las cosas se ponen difíciles y las personas se van, dejan la visión celular por un lado y vuelven al ministerio convencional.

A menudo, la razón de su desánimo es porque no comenzaron con una motivación correcta. Tenían motivaciones falsas para comenzar su transición y esas motivaciones falsas eventualmente los alejaron.

Entonces, ¿cuál es el *porqué* correcto? Creo que es hacer discípulos que hacen discípulos. Jesús nos dio una comisión, "hacer discípulos en todas las naciones" (Mateo 28:18-20). Cristo comenzó la visión de formar discípulos en un grupo pequeño y esos grupos pequeños se multiplicaron en nuevos grupos pequeños. Pero lo más importante es que se formaron discípulos. Mi libro *Haciendo Discípulos en el Siglo 21* habla de la motivación correcta de hacer discípulos a través del ministerio celular.

La tercera clave es más difícil de entender e incluso definir.

Es lo que yo llamo *el Desarrollo o Empoderamiento*. Para ser fructífero en el ministerio de la iglesia celular, un pastor debe estar dispuesto a desarrollar a otros. Deben estar dispuestos a delegar el ministerio. Necesitan amar el preparar a otros para hacer la obra del ministerio a través del equipamiento y la supervisión. Aman desarrollar el ministerio en equipo y se regocijan incluso cuando otros predican.

El ministerio de la iglesia celular sobre todo trata acerca de desarrollar a otros para hacer la obra del ministerio.

Lastimosamente, veo muchos pastores a quienes les encanta escuchar su propia voz. Viven para la predicación y para que un público los escuche. No desarrollan un equipo y sienten que deben estar presentes en cada reunión. Cuando alguien necesita consejería, por lo general son ellos quienes la dan.

Ellos carecen de este elemento clave de desarrollar y empoderar a otros.

Esto es especialmente difícil porque un pastor puede hablar sobre el ministerio de la iglesia celular, asistir a una célula y amar la visión sin ser alguien que desarrolle y empodere a otro. ¿Cómo le va a usted en esta área?

Obviamente, hay muchos más aspectos que hacen o desbaratan a un ministerio celular exitoso. Pero la oración, hacer discípulos y empoderar a otros son vitales en el ministerio celular. En mi libro *Explosión de Liderazgo* hablo sobre como empoderar a otros.

Preguntas para reflexionar

¿Cuál fue el principio central que aprendió de esta lección?

¿Qué está haciendo su iglesia para promover la oración? ¿Qué medidas puede tomar para orar más como iglesia?

Describa por qué está realizando un ministerio basado en células.

¿Qué puede hacer para ayudar a que más líderes entiendan el *porqué* del ministerio del grupo pequeño?

> Defina el empoderamiento con sus propias palabras.
> ¿Qué medidas puede tomar para empoderar a sus
> líderes de manera más efectiva?

Recursos sugeridos:

Libros:

- – *Explosión de Liderazgo: Cómo Preparar Líderes para Multiplicar los Grupos Celulares (Capítulos 2-3)*
- – *Cómo Ser Un Excelente Supervisor de Grupos Celulares (capítulo 5)*

Artículos en Internet:

Formar a Todos Para Ser Discípulos
Discipulado a Largo Plazo
Claves para la Supervisión

Descargue este PowerPoint

PowerPoint de Joel Comiskey sobre esta lección:

https://tinyurl.com/mu5un9cb

CAPÍTULO 7

Preparando a su Iglesia para la Transición a Iglesia Celular

VIDEO DE YOUTUBE ▶

https://youtu.be/928EdVvIf74

Introducción:

- Hace algún tiempo instruí a Bill, un pastor bautista, que era el 30° pastor en una iglesia de 66 años. Antes de llegar ahí, la permanencia promedio de un pastor era de 1.5 años. La iglesia era muy tradicional.

- Cuando Bill comenzó su transición, habló sobre los valores del ministerio de grupos pequeños, como el amor y el evangelismo relacional. Él se aseguró de no hablar acerca de modelos, cambios de paradigmas, "Joel Comiskey", "Ralph Neighbour" o "David Cho".
- Se dio cuenta de que el cambio lleva mucho tiempo, por lo que de manera muy amorosa dirigió a la iglesia a realizar cambios clave.

Tres etapas

- Cuando hablamos de hacer una transición al ministerio de grupos pequeños, nos referimos a tres etapas: Pre-transición, transición y Post-transición.
- La Pre-transición implica preparar el terreno y ganarse el corazón de las personas para iniciar con éxito el proceso.

Pre-transición

- Durante el proceso de Pre-transición, enseño principios clave que ayudarán a guiar la transición.

- Estos principios no tienen que estar en un orden en particular, como en cualquier otro proceso que va del 1 al 3. Son simplemente verdades que ayudarán a que la transición sea exitosa.

Pastor principal y su equipo liderando la visión

El pastor principal y el equipo de liderazgo deben tener claro hacia dónde van. Deben estar convencidos de que la iglesia celular es bíblica y de que es la mejor manera de hacer discípulos que hagan discípulos.

No es suficiente que el pastor principal tenga la visión; la visión debe tenerle a él. Debe estar listo para involucrarse, en lugar de delegar la visión a otra persona.

Si el pastor no planea quedarse en la iglesia, es mejor que no empiece la transición.

Gana a los que tienen Influencia en su iglesia

Cada iglesia tiene personas de influencia. Han pagado el precio y creen en la misión de la iglesia.

Estas personas quieren ofrecer su opinión y el pastor necesita ganarlas antes de comenzar la transición.

El pastor necesita explicar con amabilidad y paciencia *el porqué* detrás del ministerio de la iglesia celular y por qué quiere que la iglesia vaya en esta dirección. Explicar la base bíblica y los valores o principios clave del ministerio de la iglesia celular será de gran utilidad. También sería de mucha ayuda llevar a estos líderes clave a visitar a una iglesia basada en células.

Encontrando las necesidades en su propia iglesia

Conocer las necesidades de la iglesia ayudará al pastor a concentrarse en cómo el ministerio de la iglesia celular puede ayudar a satisfacer esas necesidades. Por ejemplo, si la iglesia carece de practicar la comunidad, los grupos celulares fortalecerán el amor y los vínculos afectivos de los unos con los otros.

Si a la iglesia le falta evangelismo, el evangelismo relacional a través de los grupos celulares ayudará a que la iglesia avance. Aplicar la Palabra de Dios es otro factor importante a favor del ministerio de los grupos celulares.

Aprende de otras iglesias celulares

Visitar una o más iglesias basadas en células ayudará al pastor y a los líderes clave a captar sus posibilidades. Saber que otras iglesias han tenido una transición exitosa les dará confianza y esperanza para el futuro.

Visualiza lo que quieres llegar a ser

En la etapa de Pre-transición, el pastor y el equipo sueña con lo que podría llegar a convertirse su iglesia. El peligro es aferrarse a expectativas poco realistas, pero es buenísimo soñar con lo que Dios podría hacer a través del ministerio de la iglesia celular.

Comprendiendo los descubrimientos clave del cambio

Everett Rogers ha escrito un libro importante, *Difusión de la innovación*, que trata sobre cómo se produce el cambio en una organización. El libro de Rogers es un libro de texto sobre los cambios. Enumera los aspectos clave del cambio.

Compatibilidad

En la etapa de Pre-transición, el pastor necesita hablar acerca de cómo la iglesia celular va a hacer encajar los valores y tradiciones que la iglesia tenía con anterioridad. ¿Era la iglesia una iglesia que impulsa las misiones? Hable acerca de cómo los grupos celulares se integrarán más plenamente con la visión de hacer misiones. ¿Es la iglesia una iglesia evangelizadora? Hable acerca de cómo los grupos celulares alcanzan y suplen las necesidades de personas en la ciudad y en su comunidad. ¿Comunidad? Los grupos celulares ayudarán a la iglesia a practicar el tema de "los unos a los otros" del que habla las Escrituras.

No hable de técnicas o modelos de otras iglesias. No hable sobre cambios de paradigmas u otros conceptos complicados.

Ventaja

El pastor principal y el equipo deben hablar sobre las ventajas de la iglesia celular. Es decir, deben "vender" el concepto de "iglesia celular", hablar acerca de cómo el ministerio celular ayudará a la iglesia a convertirse en todo lo que Dios quiere para su iglesia.

Observabilidad

Observable significa que la gente quiere ver y experimentar la iglesia celular antes de adoptarla. De ahí que comenzar con un grupo piloto es esencial. Cuando las personas ven el valor de los cambios y pueden experimentarlos, es más probable que adopten los cambios.

Les digo a las iglesias que comiencen con un grupo piloto para que los líderes clave puedan entender de una manera muy práctica hacia dónde se dirigen y cuál es el siguiente paso.

El cambio lleva tiempo

Prepárese para el largo plazo. Algunos expertos dicen que una transición normal toma entre 3 y 5 años, especialmente si la iglesia ha existido por mucho tiempo. Si el pastor es el pastor fundador, tiene una gran ventaja y la transición tomará menos tiempo. La fundación de nuevas iglesias puede comenzarse de inmediato como iglesias celulares, porque no han acumulado años de tradición.

Muchas iglesias, sin embargo, necesitan evaluar el costo del cambio a largo plazo. Bobby Clinton, mi profesor de un curso de dinámica de cambio en el Seminario Teológico Fuller, dijo algo parecido a esto: "El cambio toma más tiempo de lo que piensas, incluso cuando estás preparado para que tome mucho tiempo".

Relaciones sociales

Everett Rogers habla de la importancia de las relaciones sociales en el cambio. Las personas no son tan influenciadas por los expertos como por los amigos. Sea un amigo. Lleve a las personas con dudas a dar largas caminatas o a tomar un café. Explique cuidadosamente el proceso de convertirse en una iglesia celular.

Reinvención

Cada iglesia es única y hará adaptaciones. Sin ajustes, el ministerio de la iglesia celular rara vez se convertirá en una parte central de la cultura de la iglesia. Espere ajustes y esté dispuesto a permitir que la iglesia haga suyo el ministerio de la iglesia celular.

Conclusión

El papel del liderazgo es alentar durante todo el proceso de cambio. A veces las cosas empeoran antes de mejorar. A menudo, la iglesia no puede ver el progreso general. Es como volar un avión a través de la niebla. El piloto depende al 100% del panel de control. Tenemos la Palabra de Dios como nuestra guía y confiamos en que el Espíritu Santo guiará a la iglesia a lo largo del tiempo para lograr una transición exitosa.

Preguntas para reflexión

¿Cuál fue el principio central que aprendió de esta lección?

¿Cuáles son las tres etapas de transición de las que habla Comiskey en este capítulo? ¿En qué etapa se encuentra su iglesia en este momento?

De todos los principios de cambio que Roger ha identificado, ¿cuál es el que su iglesia necesita practicar más? ¿Por qué?

Recursos sugeridos:

Libros:

- *Recoged la Cosecha: Cómo organizar un sistema celular para el crecimiento de su iglesia (Capítulo 14).*
- *Mitos y Verdades de la Iglesia Celular: Principios Claves que Construyen o Destruyen un Ministerio Celular (Capítulo 11)*

Artículos en Internet:

Prepárese para la Transición
No Empiece la Transición Inmediatamente
Entienda el Porqué Antes de la Transición
Los Cambios Toman Tiempo

Descargue este PowerPoint

PowerPoint de Joel Comiskey sobre esta lección:

https://tinyurl.com/2cc2p8yy

CAPÍTULO 8

Transición y Post-Transición: Comenzar y Terminar Bien

VIDEO DE YOUTUBE ▶

https://youtu.be/oLS50HhmBMM

La transición a la visión de la iglesia celular no es una tarea fácil.

Tres etapas de una transición exitosa

Las transiciones exitosas de la iglesia celular pasan por tres etapas:

- Pre-transición
- Transición
- Post-transición

Durante la pre-transición, el pastor y los líderes claves preparan a las personas a través de la predicación, hablando personalmente y discutiendo la futura transición, enfocándose especialmente en la base bíblica para el ministerio de grupos celulares.

Empezar algunos grupos simultáneamente

He notado dos formas de transición en mi investigación de iglesias celulares en todo el mundo. Algunas iglesias empiezan con algunos grupos al mismo tiempo. En este enfoque, el pastor principal comienza varios grupos pequeños al mismo tiempo.

Por ejemplo, Sergio Solórzano, pastor fundador de la Iglesia Elim en San Salvador, regresó de la Iglesia del Evangelio Completo Yoido en Corea del Sur en 1986 y pidió a todos los pastores de las iglesias pequeñas en todo San Salvador que cerraran y se convirtieran en una iglesia celular de la ciudad. Como el fundador de la iglesia, el pastor Solórzano tenía la autoridad para iniciar con varias células al mismo tiempo.

Si está plantando una iglesia celular, comience inmediatamente con grupos celulares y liderare la primera célula.

Ya teníamos veintiún grupos celulares saludables cuando comenzamos nuestra transición en Quito, Ecuador. Yo era el ministro celular, pero nuestra transición consistió en dividir las veintiún células entre los pastores y motivarlos para que personalmente lideraran una, y para que supervisaran las veintiuna ya existentes.

Empezar con un prototipo o grupo piloto

Su transición será única, pero es esencial comenzar teniendo en cuenta los principios de un grupo piloto. Es por ello por lo que recomiendo el modelo de célula o grupo piloto.

Déjeme darle un ejemplo actualizado.

Cuando comenzamos a ayudar a Moisés e Ingrid Valentín en la Iglesia *Nueva Amanecer* en Los Ángeles, California en 2019, Moisés habló sobre comenzar seis grupos simultáneamente. Había estado preparando líderes clave durante varios años. Sin embargo, sugerí que comenzáramos con un solo grupo piloto.

Moisés reunió sabiamente a los futuros equipos en su casa para asegurarse de que estuvieran de acuerdo en trabajar juntos. Intentamos encajar a los futuros líderes de equipos celulares en unidades compatibles con la personalidad y los dones de cada uno, pero no siempre funcionó como queríamos.

En marzo de 2019, reunimos a estos líderes clave en la casa de Moisés e Ingrid. Modelamos un grupo celular normal desde las 7 p.m. hasta las 8:30 p.m. El orden:

- Rompehielos: divertido y dinámico, lo opuesto a un examen bíblico
- Adoración (normalmente YouTube con alabanza y oración)
- Lección celular basada en el sermón dominical. Seguimos tres preguntas:
  - ¿Qué dice este pasaje? (lea el pasaje y haga un tiempo de silencio antes de responder la pregunta).
  - ¿Qué me está diciendo Dios a través de este pasaje? (lea el pasaje y haga un tiempo de silencio antes de responder la pregunta).
  - ¿Cómo puedo aplicar este pasaje durante la próxima semana? (lea el pasaje y haga un tiempo de silencio antes de responder la pregunta).
- Oración en grupos más pequeños o con todo el grupo.

Tuvimos un tiempo de reflexión al final, en el cual primero hablamos sobre los aspectos positivos y luego ofrecimos sugerencias.

Moisés e Ingrid fueron los líderes en su casa durante dos meses, y luego rotamos entre las casas de varios líderes del equipo. Los líderes del equipo dirigieron el rompehielos, la adoración, la lección y la oración. Todos participaron en el informe posterior.

La rotación en diferentes hogares fue muy importante para ver cómo los equipos abrieron sus casas, arreglaban las sillas, trataban con los niños, administraban el tiempo de refrigerio, etc.

Después de nueve meses, estábamos listos para multiplicarnos. Anunciamos los cinco grupos en enero de 2020 frente a la iglesia y comenzaron sus grupos presenciales. ¡Entonces, un mes después llegó el Covid-19! Pero estaban listos, e inmediatamente nos dividimos en células de Zoom y no perdimos el ritmo.

En un año, nos multiplicamos a diez grupos y luego a catorce. Ahora, hemos regresado a tener, por completo, grupos presenciales.

Principios clave del grupo piloto

- Los únicos invitados al grupo piloto son aquellos dispuestos a liderar sus grupos después de un tiempo específico, generalmente, de cuatro meses a un año.
- Los miembros del grupo piloto deben estar evangelizando, pero deberán llevar consigo el fruto de su evangelismo a sus nuevas células

cuando estas se multipliquen. Mientras tanto, pueden hacer un seguimiento personal de los que reciben a Jesús, pero no invitarlos de nuevo al grupo piloto.

- Los que lideran el grupo piloto son facilitadores, no maestros de la Biblia. Los líderes de células deben hablar el 30% del tiempo y permitir que otros hablen el 70% del tiempo.

Post-transición

Después de que la célula modelo se multiplique, se debe animar a la iglesia a unirse a una de las nuevas células.

El pastor principal y su esposa deben dirigir una célula abierta después de la transición. Permanecer en la batalla y experimentar lo que vive el resto de la iglesia es esencial.

Moisés e Ingrid Valentín continúan dirigiendo una célula para mantenerse en la batalla. Mi esposa y yo dirigimos una célula abierta.

El pastor principal y su esposa supervisan a esas células iniciales hasta que se formen Supervisores. Creo que una proporción de un supervisor para tres células es la mejor, mientras que el líder continúa liderando una célula abierta.

Durante la post-transición, la iglesia perfecciona la ruta de equipamiento, que debe seguir toda la iglesia. La ruta de equipamiento no tiene lugar durante la célula. Recuerde, la lección celular se basa en el sermón del pastor, y recomiendo seguir las tres preguntas sencillas que mencioné al inicio de esta lección.

La ruta de equipamiento dura de cuatro meses a un año y cubre doctrinas básicas, la libertad en Jesús, cómo tener devocionales diarios, evangelismo, y liderazgo de un grupo celular. Algunas iglesias ejecutan su ruta de equipamiento antes o después del servicio de adoración o a través de Zoom.

Animo a las iglesias a colocar un mapa celular en la iglesia para que las personas puedan ver dónde se están reuniendo los grupos celulares. Muchas iglesias celulares organizan sus oficinas para atender mejor a los grupos celulares. Animo a las iglesias a permitir mostrar hacia el exterior los datos internos de las células (mapas, banners, boletines, oficinas, etc.), para que las personas puedan verlos.

Algunos expertos dicen que la transición de una iglesia establecida a una iglesia basada en células lleva unos cinco años.

Prepárese para el largo plazo. Pero si empiezas bien, seguirás creciendo y desarrollándote. Dios te ayudará a hacer discípulos que hagan discípulos para su gloria.

Preguntas para reflexión

¿Cuál fue el principio central que aprendiste de esta lección?

¿Por qué es importante comenzar con un grupo piloto al hacer la transición?

¿Qué acción de la "Post-Transición" es la más importante para su iglesia en este momento?

¿En qué etapa del proceso de transición se encuentra y qué área necesita más atención?

Recursos sugeridos:

Libros:

- *Recoged la Cosecha: Cómo organizar un sistema celular para el crecimiento de su iglesia (Capítulo 15).*

Artículos en Internet:

Comienza con un Grupo Piloto
Pasos Importantes en la Transición
Post-Transición en la Iglesia Celular

Descargue este PowerPoint

PowerPoint de Joel Comiskey sobre esta lección:

https://tinyurl.com/y33thneu

CAPÍTULO 9

Equipar para el Discipulado: Hacer Discípulos a través del Entrenamiento Específico

VIDEO DE YOUTUBE ▶

https://youtu.be/dLLo5zTcvh8

E n el libro de Marcos, vemos que Jesús pasó el 49% de su tiempo con sus discípulos y el 51% con la multitud.

Jesús sabía que los discípulos continuarían su ministerio y cambiarían el mundo. Por lo tanto, pasó tiempo de calidad con ellos.

El ministerio de la iglesia celular tiene que ver con hacer discípulos que hacen discípulos. La meta es preparar obreros para la cosecha que harán la obra del ministerio. La estrategia de la iglesia celular hace esto al pedirle a cada miembro que participe en una célula y practique el "unos con los otros" que menciona la Biblia. Cada miembro también asiste al servicio de celebración del domingo para escuchar la Palabra de Dios, adorar y tener compañerismo con todos los miembros de la célula. Los que dirigen grupos celulares reciben supervisión, lo que ayuda en el proceso de discipulado.

Una ruta de capacitación es parte del proceso de discipulado

Las iglesias celulares también tienen rutas de equipamiento o de capacitación para preparar a cada miembro y llevarlo al siguiente nivel. La predicación de la Palabra es esencial en el proceso de discipulado, pero quedan vacíos qué llenar. Por ejemplo, los miembros deben aprender a evangelizar, tener su tiempo devocional, liberarse de las adicciones y otras ataduras y ayudar a atender un grupo pequeño.

Noté que la ruta demoraba entre 4 meses a un año. Se animó a todos en la iglesia a tomar la capacitación. Estas iglesias establecen una ruta de capacitación para todos, pero ofrecen muchos métodos para completar la capacitación (por ejemplo, uno a uno, uno a dos, aulas, retiros, etc.).

Las iglesias usan diferentes nombres para describir su equipamiento, como escuela de líderes, academia bíblica, o ruta. A menudo uso la capacitación de discipulado para recordar la razón de la capacitación: hacer discípulos. Jesús le dio a su iglesia la gran comisión en Mateo 28:18-20 y les enseñó a tomar en cuenta todo lo que era parte de esa comisión.

Ejemplos de rutas excelentes

Considero a Ralph Neighbour, el gurú del ministerio celular. Tiene más de 90 años y sigue ministrando y aconsejando a las iglesias celulares. Ha escrito libros de mucha influencia sobre el movimiento de la iglesia celular y tiene una ruta excelente de capacitación que toma un año para completar. Una persona comienza en el grupo celular y se le asigna un mentor que la lleva a través del primer manual. La parte única del entrenamiento de Neighbour es conectar la enseñanza con la vida celular. Neighbour combina retiros de fin de semana con el estudio personal.

Little Falls Christian Center le pidió permiso a Neighbour para reducir la ruta a cuatro meses.

El nuevo creyente comienza el proceso con el folleto *Bienvenido a tu vida cambiada*. Siguen tres manuales más hasta que la persona lidera un grupo celular o es parte de un equipo celular. La iglesia ofrece una capacitación de alto nivel para quienes lideran un grupo celular o forman parte de un equipo de liderazgo.

Bethany World Prayer Center ha ajustado su capacitación muchas veces a lo largo de los años. Originalmente diseñaron su equipo de discipulado en forma de una pista de béisbol. Una persona comienza en una célula mientras se dirige a la primera base. En el camino, son bautizados en agua. Discipulado 101 habla sobre los fundamentos de la fe y Discipulado 201 (2° base) y 301 (3° base) profundizan más en la doctrina y en disciplinas espirituales. Para completar la ruta (jonrón) uno participa en el liderazgo de un equipo celular. Bethany ofrece capacitación adicional para los líderes de grupos celulares.

Les digo a los pastores y líderes que comiencen con una ruta de otra iglesia hasta establecer su propio equipamiento de discipulado. Una iglesia debe incluir su visión, doctrina e identidad única.

Róbese lo mejor con orgullo

He cumplido dando mi consejo en mi capacitación de discipulado. Anteriormente, recomendaba un libro de Neighbour y otro de alguna otra persona.

Pero finalmente diseñé mi propio equipamiento de discipulado, el cual demora nueve meses.

- El primer libro es *vive* (8 semanas). El propósito es enseñar los fundamentos de la fe cristiana y ayudar a la persona a comprender el plan de salvación. *Vive* habla sobre la oración, la lectura de la Palabra y otras disciplinas cristianas.
- *Encuentro* (8 semanas) ayuda a un nuevo creyente a liberarse de adicciones y ataduras.
- *Crece* (8 semanas) guía al cristiano a tener un tiempo devocional diario.
- *Comparte* (8 semanas) instruye al creyente sobre cómo compartir de Jesús con los demás.
- *Dirige* (8 semanas) prepara a los creyentes para dirigir un grupo celular o ser parte de un equipo celular.

Claridad y Especificidad

Todo el entrenamiento de discipulado fue claro y específico. La gente sabía cómo empezar y cuándo terminar.

En contraposición, la formación en muchas iglesias no tiene punto de partida ni de final. Es una mezcla clase tras clase. Escuché de una iglesia en Texas que pidió a los miembros que realizaran 435 horas de discusión en el salón de clases. Como resultado de esa formación, las personas pudieron convertirse en, desde asistentes de estacionamiento, hasta formar parte del desfile anual. En otras palabras, mucha educación, pero poca aplicación.

Las iglesias celulares, por otro lado, equipan al pueblo de Dios para ministrar en un grupo celular y pastorear a los miembros.

La diferencia entre la educación y la capacitación o equipamiento

Recuerda que la educación dura toda la vida, pero el equipamiento es para una tarea específica. Neil McBride distingue los dos:

La educación es una actividad en expansión, empezando por dónde se encuentra una persona, proporcionando conceptos e información para el desarrollo de perspectivas más amplias y las bases para la toma de decisiones y el análisis futuro. Por otro lado, la formación es una actividad más restringida; considerando las capacidades actuales de una persona, trata de proporcionar habilidades específicas y conocimientos necesarios para aplicar esas habilidades. La atención se centra en el cumplimiento de una tarea o un trabajo específico (Cómo Edificar un Ministerio de Grupos Pequeños, p. 128).

La capacitación de discipulado en las iglesias celulares es específico y concreto. Prepara a los creyentes para el servicio.

Actualicé mi libro Explosión de Liderazgo en 2023. En este libro, hablo sobre los principios detrás de la capacitación de discipulado y doy ejemplos de estas rutas.

Preguntas para reflexión

¿Cuál fue el principio central que aprendió de esta lección?

En sus propias palabras, ¿cuál es la diferencia entre educación y capacitación o equipamiento?

¿Qué puede hacer para mejorar su ruta de equipamiento?

Recursos sugeridos:

Libros:

- *Explosión de Liderazgo: Cómo preparar líderes para multiplicar los grupos celulares (Capítulos 9-10).*

Artículos en Internet:

Claro Enfoque de la Capacitación
Diferencias Claves entre La Lección y El
Equipamiento
La Capacitación de Joel Comiskey

Descargue este PowerPoint

PowerPoint de Joel Comiskey sobre esta lección:

https://tinyurl.com/4bpebere

CAPÍTULO 10

Los Principios Detrás de las Rutas de Capacitación o Equipamiento

VIDEO DE YOUTUBE ▶

https://youtu.be/XijTsO_naeE

Siga principios, no modelos. Los siguientes principios no sólo se aplican a la estructura celular general sino también a la capacitación celular. Me gusta decirles a los líderes y pastores, "Roben lo mejor orgullosamente". Es decir, que tomen los principios de otras rutas de capacitación y decidan lo que es mejor para su iglesia.

He notado al menos siete principios detrás de las mejores rutas de capacitación. Hablo mucho de estos principios en mi libro *La Explosión de Liderazgo* (edición 2023).

Principio #1: Mantenga la Ruta de Equipamiento Sencilla

Muchos pastores y líderes hacen que su equipamiento sea demasiado complicado. Intentan añadir demasiado material al nivel básico y el equipamiento tarda años en completarse. Animo a los líderes a tener un nivel básico para aquellos que se preparan para convertirse en hacedores de discípulos y un nivel avanzado para aquellos que ya están en un equipo celular.

Un equipamiento típico tarda unos seis meses y no más de un año. Nueve meses funcionan bien.

El primer manual cubre doctrina fundamental y disciplinas espirituales: salvación por gracia (y pasos para que una persona reciba a Jesús), quién es Dios, cómo leer la Biblia, cómo orar, el bautismo, Jesús como Señor, la cena del Señor y la importancia de diezmar y dar ofrendas.

El segundo manual cubre cómo estar libre de pecados, cómo perdonar, y cómo ser libre de adicciones.

El tercer manual trata sobre cómo tener un tiempo devocional diario. Es bueno darle comida a alguien, pero es mejor enseñarle cómo alimentarse; creo que el tiempo devocional diario es la disciplina más importante en la vida cristiana.

El cuarto manual debía cubrir cómo evangelizar. Muchos creyentes saben cómo compartir sus testimonios, pero el manual de evangelización le da a la persona una guía paso a paso sobre cómo compartir el evangelio.

El quinto manual enseña sobre cómo liderar un grupo pequeño. Todos deben estar preparados para hacer discípulos y estar listos para ser parte de un equipo de liderazgo, o para ser la persona clave en el grupo pequeño.

Principio #2: Provea Pasos Prácticos con el Equipamiento

El equipamiento debe ir más allá del aprendizaje y debe implicar acción. Por ejemplo, el bautismo es el paso natural después de graduarse del primer libro sobre cristianismo 101.

En el segundo manual sobre la libertad espiritual, la persona necesita confesar y renunciar a los pecados y recibir la llenura del Espíritu.

El tercer manual cubre los devocionales diarios personales, y la persona debe comenzar a practicarlos.

El cuarto manual enseña cómo evangelizar, y la persona necesita practicar cómo compartir el evangelio.

El quinto manual cubre cómo liderar un grupo celular, y la persona debe practicar cómo dirigir cada parte de la célula con la expectativa de ser parte de un equipo de liderazgo celular.

Principio #3: Prepare un Segundo Nivel de Equipamiento para los Líderes Celulares

Las mejores iglesias celulares preparan continuamente a sus líderes. En otras palabras, se preocupan por quienes dirigen un grupo o forman parte de un equipo de liderazgo.

He conocido iglesias que preparan a pastores y plantadores de iglesias a través de su curso de equipamiento.

En mi equipamiento de nivel superior tengo dos libros: *Dirija, Supervise y Descubra*. Un pastor puede ser creativo al preparar su equipamiento de nivel superior y enseñar material sobre *la guerra espiritual* o doctrina de nivel más profundo.

Principio #4: Use Solamente una Ruta de Equipamiento

Cada iglesia necesita decidir cuál será su ruta de equipamiento o capacitación a nivel de toda la iglesia. No es prudente tener una ruta de capacitación para los jóvenes y otra para los líderes infantiles. Es mejor tener sólo un equipamiento para toda la iglesia y luego hacer ajustes para diferentes grupos de edad sin cambiar las enseñanzas fundamentales.

Principio #5: No Hay una Metodología Única para Implementar su Equipamiento

He estado en iglesias que intentaron vincular la metodología de capacitación con la ruta de equipamiento. En otras palabras, dijeron que todos tenían que pasar por el equipamiento uno a uno u otro método. Sin embargo, en mi investigación, muchas iglesias preparan a su gente en grupos o retiros.

Aconsejo a las iglesias que ofrezcan varias posibilidades para equipar a la gente. Por ejemplo, las iglesias podrían preparar a su gente durante la hora de la "escuela dominical", ofrecer un retiro para estudiar un libro, o si alguien no puede asistir a ninguna de estas dos opciones, tal vez pueda reunirse personalmente con alguien de la célula antes o después de la reunión celular.

Principio #6: Equipe a Todos para Convertirse en un Hacedor de Discípulos

El equipamiento no es sólo para el liderazgo celular sino para todos. La meta es hacer discípulos a nivel de toda la iglesia; por lo tanto, todos deben pasar por el equipamiento. No todos serán el líder principal de una célula, pero todos deben prepararse para ayudar y para ser parte de un equipo de liderazgo.

Principio #7: Ajuste Continuamente y Mejore el Equipamiento

No espere la perfección de inmediato. Tendrá que ajustar y adaptar. Es posible que encuentre la necesidad de cambiar el material o agregar capacitación adicional. En otras palabras, no espere un éxito de la noche a la mañana.

Dios quiere hacer discípulos de todas las naciones. Él quiere utilizarlo a usted y a su iglesia para preparar discípulos que hagan discípulos. El camino de equipamiento es parte del proceso de discipulado. Lo mejor está por venir y, a medida que equipe a toda su iglesia, descubrirá nuevas posibilidades de liderazgo.

Preguntas para reflexión

¿Cuál fue el principio central que aprendió de esta lección?

¿Qué principio es el que mejor está poniendo en práctica su iglesia?

¿Qué principio necesita implementar su iglesia?

Recursos sugeridos:

Libros:

   — *Explosión de Liderazgo: Cómo preparar líderes para multiplicar los grupos celulares (Capítulos 11).*

> *Principios Clave de las Mejores Rutas de*
>   *Equipamiento*
> *La Diferencia entre la Lección de la Célula y la*
>   *Ruta de Equipamiento*
> *El Lugar de los Encuentros en el Equipamiento*

Descargar este PowerPoint

PowerPoint de Joel Comiskey sobre esta lección:

https://tinyurl.com/2rmrjcvx

CAPÍTULO 11

Supervisión o Coaching de Líderes: Un Factor Clave en la Iglesia Celular

VIDEO DE YOUTUBE ▶

https://youtu.be/HIYICeRvVf0

Un pastor recientemente compartió sobre su amor por la estructura de la iglesia celular y su efectividad. Dijo que, al principio de su ministerio, inició muchos grupos pequeños que causaron división en su iglesia. Entonces, ¿por qué estaba tan emocionado ahora? Una razón clave fue la estructura de supervisión. Ahora, la iglesia tenía un sistema de supervisores que cuidaban los grupos pequeños.

Un buen amigo, Jim Egli, encuestó a 3,000 líderes de grupos celulares y descubrió que el equipamiento era el factor número uno detrás del éxito de las iglesias basadas en grupos pequeños.

David Cho, fundador de la iglesia más grande del mundo, dijo una vez que los supervisores desempeñaban el papel más crucial en su iglesia. ¿Pero por qué es esto?

¿Por qué la supervisión?

Oración por los líderes

Los supervisores oran por los líderes y crean un escudo de oración alrededor del líder. Entran en la batalla espiritual para apoyar al líder, lo cual hace una gran diferencia.

Prevenir problemas antes que se desarrollen

Llegan a conocer a los líderes y pueden detectar los problemas antes de que se conviertan en crisis. Me refiero a los problemas del pecado y la rebelión. Pero el supervisor también alienta al líder y busca constantemente formas de alentarlo.

Se permite que líderes menos maduros dirijan grupos

Recuerdo cuando comencé a estudiar la Iglesia Elim. Ellos promovieron a líderes a personas después de muy poco tiempo de capacitación. La razón por la que tuvieron tanto éxito fue por su excelente sistema de equipamiento o capacitación. Los supervisores revisaban la lección con los líderes y luego visitaban el grupo celular para garantizar la calidad.

El Contenido de la supervisión

Más que la estructura es el contenido del coaching o supervisión. Tengo varios libros sobre este tema que te ayudarán mucho. Mi libro *Cómo Ser Un Excelente Asesor De Grupos Celulares* ofrece información sobre cómo entrenar a líderes de forma más eficaz. *Entrene* es un manual de trabajo sobre cómo entrenar líderes. A continuación, *Usted Puede Entrenar* habla del contenido del coaching. Recomiendo algunos principios fundamentales en estos libros.

Recibir

Los supervisores eficaces primero reciben de Jesús. Están llenos del Espíritu y pasan tiempo con Jesús antes de intentar ministrar al líder. También se aseguran de tener su día libre y se centran primero en su círculo íntimo (cónyuge, familia, amigos cercanos). Luego podrán ministrar más eficazmente a aquellos a quienes equipan o capacitan.

Escuchar

Una supervisión fructífera se trata más de escuchar que de hablar. Los líderes tienen que lidiar con muchos problemas y necesitan que alguien esté presente. Cuando comencé a capacitar, pensé que mi función era dar consejos, pero pronto descubrí que a los líderes les interesaba más que los escucharan. Los supervisores sabios preparan preguntas poderosas y luego escuchan atentamente a los líderes. Permiten que los líderes compartan sus historias en lugar de discutir las suyas propias.

Animar

No es fácil liderar un grupo celular. Los líderes a menudo se desaniman cuando esperan que asistan más personas de las que terminan llegando al grupo pequeño. Las palabras de aliento ayudan al líder a seguir adelante. Los supervisores pueden recordar a los líderes acerca de sus recompensas eternas si continúan haciendo discípulos para la gloria de Dios.

Cuidar

Los supervisores sirven a los líderes en lugar de controlarlos. Satisfacen sus necesidades sabiendo que los líderes cuidan del rebaño. Recuerde que Jesús lavó los pies de los discípulos. Él se preocupaba por ellos. Incluso los llamó amigos. En Juan 15, Jesús dijo: "Ya no los llamo siervos, sino amigos". Los mejores supervisores se hacen amigos de los líderes de células, derribando muros a través de una atmósfera amorosa y afectuosa.

Desarrollar

El desarrollo es diferente a la formación. Todos en la iglesia reciben capacitación y reciben la misma información. El desarrollo se centra en las necesidades del líder en particular. Señala lo que el líder necesita. Por ejemplo, tal vez el supervisor se dé cuenta de que el líder necesita más ayuda para escuchar, hacer preguntas o desarrollar nuevos líderes. El coach o supervisor puede ayudar al líder en esa área en particular recomendándole un vídeo, artículo, libro o seminario.

Planificar

Los supervisores ayudan a los líderes a acercarse, a identificar a nuevos líderes y a prepararse para la multiplicación. A menudo, el supervisor ayudará al líder a recordar a los miembros pasados por alto o le preguntará por qué tal o cual no ha comenzado el equipamiento. Asegurarse de que el líder entregue el informe celular ayuda a todos en la iglesia a diseñar estrategias de manera más efectiva para hacer discípulos que hagan discípulos de calidad.

Desafiar

Los supervisores desafían a los líderes a cumplir la visión de Dios para la célula. El supervisor desafía a los líderes a cumplir la gran comisión, haciendo discípulos que hagan discípulos.

Otro aspecto del desafío, es decir, a veces, la dura verdad. Quizás el supervisor nota un aburrimiento en el líder y le dice: "¿Puedo compartir algo contigo?" El líder responderá que sí. "¿Cómo va tu tiempo devocional?" "¿Pasas tiempo regularmente con Jesús?" O "¿Cómo va tu matrimonio?" "¿Cómo puedo ayudar?"

Conclusión

El coaching o supervisión es el pegamento del ministerio de la iglesia celular. El coaching eficaz ayuda a los líderes a hacer discípulos que hacen discípulos de forma más eficaz. La iglesia celular con un equipamiento efectivo evita los peligros y trampas de la división. Dios quiere que su iglesia tenga una estructura de capacitación efectiva.

Preguntas para reflexión

¿Cuál fue el principio central que aprendió de esta lección?

Comiskey habla de varias razones para implementar la supervisión (coaching). ¿Qué razón le llamó más la atención?

¿Por qué dice Comiskey que el contenido de la supervisión es más importante que la estructura?

¿Cuál es el principio sobre la supervisión en el que más debe trabajar?

Recursos sugeridos:

Libros:

- ¿Cómo Ser Un Excelente Asesor De Grupos Celulares? (capítulos 1-7)
- Entrene: Capacite a Otros para Conducir Eficazmente a un Grupo Pequeño (capítulos 1-9)
- Mitos y Verdades de la Iglesia Celular: Principios Claves que Construyen o Destruyen un Ministerio Celular (capítulo 10)

Artículos en Internet:

Principios Claves para la Supervisión
Cómo Seleccionar a los Supervisores
Cómo Preparar para la Supervisión

Descargue este PowerPoint

PowerPoint de Joel Comiskey sobre esta lección:

https://tinyurl.com/yh9m9jtz

CAPÍTULO 12

Visitas, Frecuencia y Modelos de Supervisión

VIDEO DE YOUTUBE ▶

https://youtu.be/GyGY0lje0sg

Alguien ya dijo que hay que fallar al menos tres veces en el ministerio celular para hacerlo bien. Estoy de acuerdo.

Uno de esos fracasos para mí ocurrió cuando yo era parte de un equipo pastoral en Quito, Ecuador. Decidimos que necesitábamos tener grupos pequeños. Pensamos, "¿No es cierto que todas las iglesias tienen grupos pequeños?".

Entonces identificamos a algunos líderes maduros y los enviamos a liderar grupos pequeños. Ofrecimos prácticamente ninguna supervisión y ocasionalmente escuchábamos un informe sobre sus grupos. Poco a poco, todos cerraron.

De esa experiencia—y otras parecidas, aprendí que la supervisión es absolutamente esencial para mantener la salud y crecimiento de los grupos pequeños.

Visitas a los grupos celulares

Un método probado de cuidar a los grupos es visitarlos. Desde la década de 1960, cuando David Cho comenzó la estructura de su iglesia celular en Corea del Sur, las visitas a los grupos pequeños han jugado un rol importante. Los supervisores visitan a los grupos como se visita a un miembro del grupo. Antes de hacer la visita a un grupo, le pido a los supervisores que sigan estos consejos:

- Informe al líder de antemano de su visita. Algunas sorpresas son maravillosas, pero no la sorpresa de que un supervisor aparezca sin previo aviso.
- El supervisor del grupo debe actuar como un miembro normal, compartiendo de forma

transparente y no actuando como un erudito que sabe más que los otros miembros.

- Cuando el supervisor hable después con el líder, es importante ofrecer más elogios que críticas.
- Si el supervisor necesita compartir una sugerencia con el líder, es mejor comenzar con la frase: "¿Puedo compartir contigo algo que observé?". En otras palabras, pide permiso.

Visitar a los grupos es una excelente manera de saber qué está pasando en los grupos, pero creo que es mejor que el supervisor participe en un grupo como líder, parte del equipo, o como miembro. De esta manera, va a mantener el calor de la visión celular.

Frecuencia de las reuniones de liderazgo

¿Con qué frecuencia debe reunirse el supervisor con el líder? A mi criterio, un supervisor debe reunirse con los líderes bajo su cuidado, una vez al mes como grupo y luego una vez individualmente. La reunión personal puede ser una llamada telefónica, una reunión por Zoom, una reunión después del servicio el domingo u otro tipo de manera de reunión. La reunión del grupo también podría ser una reunión por zoom o cara a cara. ¿Cuál debe ser el contenido a tratar? Algunos temas pueden ser: compartir victorias, necesidades, la salud de los grupos y la proyección de la visión.

Digamos que un pastor decide iniciar grupos pequeños en su iglesia y empieza con un grupo piloto. El pastor dirige el grupo piloto durante seis meses a un año. Digamos que del grupo piloto se multiplican en cuatro grupos después de este período. El pastor llegaría a ser el "coach" o supervisor de esos cuatro líderes.

El pastor tendría una reunión individualmente con cada uno de estos líderes una vez por mes y luego les tendría que pedir a todos estos líderes tener una reunión todos juntos, una vez por mes. Esas reuniones con el pastor podrían realizarse por Internet (p.ej., Zoom) o en persona, cara a cara.

Cuando el número de células llegue a diez, el pastor necesitará promover a dos supervisores, quienes llegarían a ser supervisores de estos grupos. El pastor entonces se concentraría en los supervisores quienes a su vez cuidarían a los otros grupos.

Diferentes modelos de supervisión o coaching

Modelo Jetro

Un tipo común de supervisión celular se llama modelo 5x5 o Modelo Jetro. Un supervisor cuida a cinco líderes de célula. Un pastor de zona ministra a cinco supervisores y un pastor de distrito supervisa a aproximadamente cinco pastores de zona. Estos números no son exactos, pero generalmente siguen el consejo de Jetro a Moisés. Y nota que Moisés obedeció su consejo, "Moisés atendió a la voz de su suegro y siguió sus sugerencias. Escogió entre todos los israelitas hombres capaces y los puso al frente de los israelitas como oficiales sobre mil, cien, cincuenta y diez personas". (Éxodo 18:24-25)

Escribí un libro llamado *Pasión y Persistencia*, en el que analicé a la Iglesia Elim en El Salvador que sigue el 5X5 o el modelo de Jetro. Elim organiza geográficamente su estructura celular y es muy fácil de seguir. Tienen líderes de sección (supervisores de cinco grupos), pastores de zona (los pastores que están cuidando a cinco o más supervisores) y pastores de distrito (los que cuidan de los pastores de zona). Estos supervisores han pasado por el sistema celular y son promovidos en base a su carácter y fruto.

Modelo G12

El modelo G12 salió de Bogotá, Colombia. Es una adaptación del modelo 5X5. El G12 no se organiza geográficamente sino en redes homogéneas. Siguen dos principios clave:

- Cada persona es un líder potencial
- Cada líder es un supervisor potencial.

En el modelo G12, el objetivo de cada líder es multiplicar su célula doce veces mientras continúa liderando su propio grupo celular.

No recomiendo el G12 por dos razones:

1. Para los laicos o miembros no pastores, dirigir una célula mientras se cuida a doce líderes es demasiado y promueve el agotamiento.
2. El modelo del G12 que surgió en Bogotá, Colombia. Pidió a todas las iglesias que adoptaran (no que lo adaptaran) su modelo al 100%. Al tratar de controlar a las iglesias han producido muchas divisiones en todo el mundo.

Siempre estoy aconsejando a las iglesias que adapten y no que adopten—seguir los principios y no los modelos.

G12.3

Promuevo seguir principios en lugar de modelos. Mi adaptación es el modelo G12.3. En este modelo, un pastor de tiempo completo puede asesorar a doce líderes, pero un laico, es decir uno que no es pastor, debe tener la meta de supervisar a un máximo de tres líderes mientras continúa liderando su propia célula.

Creo que esto es mucho más manejable y factible y funciona mejor en la práctica.

Si el líder no puede supervisar mientras dirige una célula por falta de tiempo, el pastor principal debe designar a un supervisor para cuidar a ese nuevo líder.

La realidad es que el G12.3 no es perfecto. No existe un modelo perfecto, incluido el G12.3.

Mantenga el enfoque en hacer discípulos

Pastor, Jesús quiere usarlo a usted y a su iglesia para hacer discípulos que hagan discípulos. Sólo recuerde que establecer una estructura de supervisión sólida es esencial y va a ayudar a su iglesia a hacer discípulos que hagan discípulos.

Preguntas para reflexión

¿Cuál fue el principio central que aprendió de esta lección?

¿Qué aprendió de esta lección sobre visitar grupos celulares? ¿Cómo cambiará a partir de lo que aprendió?

¿Con qué frecuencia supervisa a sus líderes? ¿Qué necesita hacer de manera diferente?

¿Qué modelo de supervisión está usando en su iglesia? ¿Qué necesita cambiar?

Recursos sugeridos:

Libros:

- *Recoged la Cosecha: Cómo organizar un sistema celular para el crecimiento de su iglesia (capítulo 10).*
- *¿Cómo Ser Un Excelente Asesor De Grupos Celulares? (capítulos 11-12)*
- *Usted Puede Entrenar: Cómo ayudar a los Líderes a Edificar Iglesias Saludables (capítulos 3,9)*
- *De 12 a 3: Cómo Aplicar los Principios del G12 en Su Iglesia (capítulos 1-13)*

Artículos en Internet:

*Evitar el idealismo en la Estructura de
    Supervisión
Estructura de G12.3
La Importancia del Equipo en la Estructura de
    Supervisión
La Amistad: La Clave en el Ministerio de
    Supervisión*

Descargar este PowerPoint

PowerPoint de Joel Comiskey sobre esta lección:

https://tinyurl.com/3nxya4wc

CAPÍTULO 13

Principios Clave de una Plantación Simple de Iglesias Celulares

VIDEO DE YOUTUBE ▶

https://youtu.be/ZAVeqdbaj6s

Recuerdo haber ministrado en una iglesia en Florida hace unos años. Los pastores del equipo me hicieron preguntas sobre las redes de sus grupos celulares. Querían saber quién supervisaría a los nuevos líderes después de que se multiplicaran hasta la tercera y cuarta generación.

Intenté responder a sus preguntas, sabiendo que había estudiado a grandes iglesias celulares (mega iglesias) y que debía saber la respuesta. Pero finalmente respondí, "Necesitas plantar una nueva iglesia". En otras palabras, sentí que su situación se fue complicando a medida que fueron creciendo.

La plantación de iglesias en el Nuevo Testamento fue simple y reproducible. Pablo y otros plantaron pequeñas iglesias reproducibles en casas. Las autoridades romanas no pudieron extinguirlos.

Creo que algunas iglesias celulares crecerán hasta alcanzar el estatus de mega iglesias, pero la gran mayoría serán pequeñas, simples y reproducibles. Jesús desea desarrollar a obreros en todos los niveles: celular, supervisor y pastor. También necesitamos impulsar a los plantadores de iglesias y a los misioneros. Lamentablemente, algunas iglesias celulares grandes quieren mantener a sus pastores y líderes en sus grandes estructuras de mega iglesias en vez de impulsarlos para plantar nuevas iglesias.

Una pregunta importante es: ¿qué es una iglesia del Nuevo Testamento? Antes de hablar de plantar iglesias como las del Nuevo Testamento, debemos preguntarnos qué son. El Nuevo Testamento contiene algunas características básicas de las iglesias celulares simples y reproducibles.

¿Qué es la iglesia local?

Bajo el señorío de Jesús

La *Ecclesia* del Nuevo Testamento se reunió bajo la dirección de su Señor. Muchos versículos del Nuevo Testamento hablan de Jesús como cabeza de la iglesia (Efesios 1). Romanos 14 y Filipenses 2 nos dicen que toda rodilla se doblará y proclamará que Jesús es el Señor. La iglesia reunida no es un club. Más bien, es una asamblea reunida bajo el Señorío de Jesús.

Dirigido por un liderazgo ordenado por Dios

Hebreos 13:17 nos dice que debemos someternos a aquellos que Dios ha puesto sobre nosotros. Jesús, la cabeza de la iglesia, ha levantado a líderes llamados para guiar a su iglesia. Leemos esto en Efesios 4. Él da dones especiales a los hombres y mujeres para bendecir y guiar a su iglesia.

Una ubicación particular

Las Escrituras hablan de la iglesia en Corinto o Roma. También se habla de la iglesia en casa de María o Priscila y Aquila. En otras palabras, leemos de iglesias en lugares específicos. Vemos consistencia y constancia.

Sí, la Biblia dice que Cristo está en medio de dos o tres creyentes, pero la iglesia local es diferente. Vemos un grupo en un lugar específico bajo liderazgo específico.

Participación de los sacramentos

La Biblia habla de dos sacramentos: el bautismo y la Cena del Señor. La iglesia local guía y ayuda a los miembros para participar en estos dos sacramentos.

Características clave para el plantador de una iglesia como las del Nuevo Testamento

Entonces, ¿qué se necesita para plantar una iglesia local como las del Nuevo Testamento? Hay algunas características importantes que deben tener los plantadores de iglesias exitosos.

Carácter piadoso

Las Escrituras hablan sobre las características del liderazgo en 1 Timoteo 3 y Tito 1. Me gusta cómo D.L. Moody describió una vez el liderazgo piadoso.

Dijo que el liderazgo piadoso es lo que se hace en la oscuridad cuando nadie más está mirando. Dios ve.

Una gran relación con el cónyuge.

El gran apóstol Pablo nunca estuvo casado, y plantar una iglesia siendo soltero es sin duda una opción. Pero si el plantador es casado, tanto el esposo como la esposa deben estar de acuerdo en plantar una iglesia. He visto fracasos de iglesias cuando sólo uno de los cónyuges siente el llamado a plantar una iglesia.

Llamado

Creo que cualquier persona puede liderar una célula con un equipo de liderazgo. Sin embargo, plantar y pastorear una iglesia como las del Nuevo Testamento requiere un llamado particular. El pastor plantador de iglesias es responsable ante Dios, de las almas de la iglesia.

Fruto

La mayoría que plantan iglesias celulares exitosas han liderado y multiplicado grupos celulares antes de convertirse en plantadores de iglesias. El proceso es sencillo y conciso: dirigir una célula, multiplicar la célula, supervisar el fruto de la multiplicación y luego plantar una iglesia celular. Los futuros plantadores de iglesias adquieren experiencia vital al liderar y multiplicar grupos celulares.

Hablé con un plantador de iglesias que estaba plantando una iglesia en Bangladesh. Me estaba mostrando sus planes para multiplicar células y poco a poco empezar un servicio de celebración. Lo que fue interesante para mí fue que este plantador fue un líder celular y supervisor exitoso en Hong Kong. La iglesia de Hong Kong había visto su fruto y carácter y luego le envió a plantar una iglesia celular en Bangladesh.

Jesús desea desarrollar a obreros para su mies. La plantación de iglesias celulares está en el centro de lo que Jesús está haciendo en todo el mundo.

Preguntas para reflexión

¿Cuál fue el principio central que aprendió de esta lección?

¿Qué aprendió sobre la naturaleza de la iglesia local en esta lección?

Comiskey habla sobre las características importantes de quienes plantarían una iglesia sencilla como las del Nuevo Testamento. ¿Qué es lo que más le llamó la atención sobre esto?

¿Cómo lo está llamando Dios a participar en la plantación de iglesias?

Recursos sugeridos:

Libros:

- *Plantando Iglesias que Reproducen: Empezar una Red de Iglesias Sencillas (capítulos 2-7)*
- *Mitos y Verdades de la Iglesia Celular: Principios Claves que Construyen o Destruyen un Ministerio Celular (capítulo 12)*

Artículos en Internet:

Mitos y Verdades sobre la Plantación de Iglesias Sencillas
Plantando Iglesias Casa por Casa
Principios Claves para Plantar una Iglesia Sencilla
El Llamado para Plantar una Iglesia Sencilla

Descargue este PowerPoint

PowerPoint de Joel Comiskey sobre esta lección:

https://tinyurl.com/bdekhbch

CAPÍTULO 14

Plantación de Iglesias Celulares: ¿Cuáles son los Pasos?

VIDEO DE YOUTUBE ▶

https://youtu.be/dMXtBxMLeGc

¿Qué se necesita para plantar una iglesia celular simple y reproducible? Aquí hay principios esenciales.

Reclutar guerreros de oración

Los plantadores de iglesias entran en territorio enemigo y pueden esperar resistencia. Satanás odia a quienes ganan almas para Jesús y desarrollan nuevos líderes. Por lo tanto, antes de comenzar el proceso de plantación de iglesias, es esencial reunir un equipo de guerreros de oración que actúen como un escudo de oración.

El apóstol Pablo es nuestro ejemplo aquí. Constantemente pedía a otros que oraran por él. Note lo que dijo:

- I Tesalonicense 5:25, Pablo dice: "Hermanos, oren también por nosotros".
- Romanos 15:30, Pablo dice: "Les ruego, hermanos, por nuestro Señor Jesucristo y por el amor del Espíritu, que se unan conmigo en esta lucha y que oren a Dios por mí".
- 2 Corintios 1:11 Pablo dice: "Mientras tanto, ustedes nos ayudan orando por nosotros. Así muchos darán gracias a Dios por nosotros a causa del don que se nos ha concedido en respuesta a tantas oraciones".
- Filipenses 1:19-Pablo dice: "porque sé que, gracias a las oraciones de ustedes y a la ayuda que me da el Espíritu de Jesucristo, todo esto resultará en mi liberación".
- Filemón 22 Pablo dice: "Además de eso, prepárame alojamiento porque espero que Dios les conceda el tenerme otra vez con ustedes en respuesta a sus oraciones".

Siempre recomiendo el libro *Escudo de Oración* de C. Peter Wagner, que habla sobre cómo reunir y sostener compañeros de oración.

Aprende la cultura

Los plantadores de iglesias deben hacer todo lo posible para entender a la gente y la cultura donde plantarán la iglesia. Recomiendo hacer mucha oración al emprender este camino con las personas y al hablar con ellas. Los plantadores de iglesias también pueden recopilar mucha información de Internet y otras fuentes para aprender sobre cada aspecto de la cultura donde plantarán la iglesia. Jesús es nuestro ejemplo. Se convirtió en Dios encarnado y caminó entre una cultura particular. También debemos ser las manos y los pies de Cristo para aquellos a quienes Dios nos ha llamado a servir.

Desarrollar un equipo

No creo en los plantadores de iglesias solitarios. Pablo tenía un equipo, al igual que Jesús. El liderazgo en el Nuevo Testamento es siempre plural. Los plantadores de iglesias necesitan la ayuda de otros líderes en el proceso de plantar la iglesia.

Por supuesto, sería maravilloso si la iglesia madre pudiera proporcionar a personas y un equipo para la plantación de la iglesia. Estuve involucrado en la plantación de una iglesia donde la iglesia madre dio 150 personas y diez grupos celulares para plantar una iglesia hija o filial. Empezamos con mucha visión y esfuerzo.

Sin embargo, muchos plantadores de iglesias comenzarán con un equipo y plantarán la primera célula.

El primer grupo celular es la iglesia.

La Biblia identifica muchas iglesias en las casas. Leemos sobre la iglesia en la casa de María o la casa de Priscila y Aquila. En otras palabras, la célula es la iglesia.

Muchos de los que escriben sobre la plantación de iglesias hablan del gran lanzamiento como el inicio de la iglesia. La plantación de iglesias celulares es diferente. La primera célula es la iglesia.

Multiplica la primera célula

La meta del plantador de iglesias es multiplicar la primera célula y continuar el proceso de multiplicación.

El plantador de iglesias se convierte en el supervisor (coach) de las nuevas células y de los nuevos líderes celulares.

Inicia el primer servicio de celebración.

Advierto a los plantadores de iglesias que no comiencen el primer servicio inmediatamente. Espere hasta que haya suficientes células saludables.

Recomiendo esperar hasta que haya dos o tres grupos celulares activos y luego reunir esas células en un servicio de celebración una vez al mes. Es un servicio normal con prédica, adoración, etc.

Mientras tanto, toda la gente puede reunirse para orar, capacitarse y tener reuniones sociales.

Luego, cuando haya de cuatro a cinco grupos celulares, recomiendo hacerlo dos veces al mes. Cuando haya alrededor de ocho células y más de 70 personas se podrían tener reuniones semanales de celebración dominical.

A diferencia de la plantación de iglesia tradicional, la plantación de iglesias celulares se enfoca en el ministerio orgánico de casa en casa.

He hablado con muchos plantadores de iglesias que lamentan haber comenzado su reunión de celebración dominical demasiado temprano. Nunca pudieron ir más allá de la pequeña reunión de celebración y pusieron todo su enfoque y energía en hacer despegar el servicio de celebración.

Multiplicar iglesias

Jesús nos dijo que debemos hacer a discípulos en todas las naciones (Mateo 28:18-20). Cristo quiere formar obreros que recojan la cosecha. La plantación de iglesias está en el corazón de Cristo para hacer discípulos que hacen otros discípulos.

Preguntas para reflexión

¿Cuál fue el principio central que aprendió de esta lección?

¿Qué paso/principio en la plantación de una iglesia le pareció el más importante?

¿Cómo puede participar en la plantación de iglesias?

Recursos sugeridos:

Libros:

- *Plantando Iglesias que Reproducen: Empezar una Red de Iglesias Sencillas (capítulos 8-10)*

Artículos en Internet:

Pasos Para Plantar Una Iglesia Celular
La Sencillez para Plantar Una Iglesia Celular
Misiones y la Plantación de Iglesias Nuevas

Descargue este PowerPoint

PowerPoint de Joel Comiskey sobre esta lección:

https://tinyurl.com/4j53fbuv

CAPÍTULO 15

Mitos y Verdades: Visión y Modelos

VIDEO DE YOUTUBE ▶

https://youtu.be/UMwA-Sk9Ngc

L a iglesia celular es una estrategia con base bíblica para hacer discípulos que hagan discípulos. Creo que es la mejor estrategia para cumplir la Gran Comisión. Aquellos que se lanzan al ministerio de la iglesia celular también deben conocer los obstáculos y las dificultades. Mi libro Mitos y Verdades de la Iglesia Celular identifica mitos comunes y cómo evitarlos.

Mitos y verdades de la visión celular

Mito: La estrategia de la iglesia celular es una estrategia de mega iglesia

Las iglesias más grandes y reconocidas del mundo son iglesias celulares. Nos regocijamos por su tamaño y su impacto mundial. Entonces, ¿todas las iglesias deberían desear el estatus de mega iglesia?

Verdad: Pocas iglesias celulares alcanzan el estatus de mega iglesia

Un pequeño porcentaje de iglesias crecerá hasta alcanzar el estatus de mega iglesia. Y estas iglesias son la excepción. La realidad es que la mayoría de las iglesias en todo el mundo son pequeñas y ágiles. Van a plantar nuevas iglesias en lugar de crecer cada vez más.

Uno de los milagros modernos del crecimiento de la iglesia es China, donde la iglesia ha crecido y se ha expandido bajo el radar del gobierno comunista. ¿Cómo han hecho esto? A través del ministerio de casa en casa.

La realidad es que pocos líderes tienen los dones y talentos para administrar grandes iglesias celulares. La mayoría de los pastores elegirán la estructura de iglesia celular simple y reproducible.

Mito: La iglesia celular no funciona

La mayoría de los pastores quieren ver más crecimiento del que están teniendo. Algunos han probado la estrategia celular con la esperanza de ver un mayor crecimiento de la iglesia, pero hay decepción cuando los resultados no son lo que esperaban. Luego dicen que la iglesia celular no funciona.

Verdad: La iglesia celular trae salud, vida y crecimiento

La estrategia de la iglesia celular ayuda a una iglesia a crecer en calidad, lo que resulta en un crecimiento numérico. El ministerio celular prepara a los miembros a vivir el mensaje durante la semana, a rendir cuentas ante un grupo más pequeño de creyentes y a recibir capacitación para convertirse en hacedores de discípulos.

Un ministerio que se llama, *El Desarrollo Natural de la Iglesia (Natural Church Development)*, un ministerio reconocido por sus estudios sobre la salud de la iglesia hizo un estudio comparativo de las iglesias celulares versus las iglesias no celulares. Se descubrió que las iglesias celulares eran más saludables en cada uno de sus ocho principios. Las iglesias celulares también crecieron 2.5 veces más rápido (https://tinyurl.com/jph4r2wd) . Este particular estudio utilizó veinte millones de datos para comparar las tasas de crecimiento de las iglesias celulares con las de las iglesias no celulares, por lo que los hallazgos son significativos.

Pero tal vez usted no esté experimentando un crecimiento rápido y se pregunte por qué el desarrollo de su iglesia es tan lento. Quiero animarle a que espere. Dios le dará el crecimiento en su tiempo.

Mito: La iglesia celular es una moda pasajera

Verdad: La iglesia celular tiene raíces profundas

El ministerio de la iglesia celular tiene profundas raíces bíblicas y se remonta al consejo de Jetro a Moisés en el Antiguo Testamento (Éxodo 18). Y el Nuevo Testamento fue un movimiento de casa en casa. No podemos entender apropiadamente el Nuevo Testamento sin comprender el contexto de casa en casa. Jesús vivió, viajó y ministró de casa en casa, enviando a sus discípulos a los hogares para ministrar. Siguieron su ejemplo después de Pentecostés y la iglesia primitiva nació como un movimiento de casa en casa.

La iglesia celular también tiene una larga historia en la iglesia cristiana. Los valdenses, Lolardos, Husitas y Moravos se reunieron en grupos celulares. Philip Spener (1666 d. C.), el fundador del Pietismo tomaba notas de sus sermones y preparaba preguntas cuidadosamente diseñadas para los líderes de sus grupos pequeños. Juan Wesley llevó el modelo de iglesia celular a otro nivel, exigiendo que quienes asistían a las reuniones más grandes de la sociedad mostraran pruebas de que asistían regularmente a sus reuniones celulares. David Cho basó su ministerio de células en los principios del Nuevo Testamento, y la iglesia creció hasta convertirse en la iglesia más grande en la historia del cristianismo.

Leí un pequeño libro llamado *Células para la Vida* (Cells for Life) de Ron Trudinger y pensé que había sido escrito recientemente. Luego descubrí que el ministerio de Trudginger ocurrió en los 1960s y había escrito el libro en 1979. El ministerio de la iglesia celular es mucho más que una moda pasajera.

Mitos y Verdades de los Modelos

Mito: Seguir un modelo en particular traerá el éxito

Verdad: Aplique principios a su situación específica

Hace unos años, consulté a un par de pastores que vinieron a mi casa para aprender sobre la iglesia celular. Dijeron: "Seguimos exactamente el modelo de *Centro de Oración Mundial Bethany* y no funcionó. Luego probamos el modelo de *Iglesia con Propósito* de

Rick Warren, que no funcionó. Ahora estamos probando el *G12*, y no parece funcionar". ¿Qué debemos hacer?

No lo dije en ese momento, pero luego me di cuenta de que estaban infectados por lo que yo llamo *enfermedad del modelo*. Es la esperanza de que seguir el modelo de otra persona traerá éxito.

La verdad es que debemos aplicar los principios de las iglesias celulares de todo el mundo y no seguir un modelo en particular. ¿Por qué? Nuestras tradiciones, contextos y personalidades son distintas; sólo los principios pueden adaptarse eficazmente a ellos.

Mito: Una vez que tengas un modelo, apégate a él

Verdad: Innova y cambia el modelo según el espíritu te dirija a hacerlo

Los fundadores de los modelos celulares mantienen la creatividad y capacidad de hacer cambios en cualquier momento. Aquellos que vienen después de ellos, deben tratar de discernir qué cambios han hecho o están haciendo los fundadores. Siempre hacen preguntas sobre lo que está haciendo el fundador del modelo en lugar de lo que el Espíritu de Dios quiere que él haga.

Permita que el Espíritu de Dios lo guíe de acuerdo con los principios bíblicos y los principios comunes de las iglesias celulares en todo el mundo. Evite seguir modelos. Pídale al Espíritu el poder de la creatividad.

Mito: La iglesia celular se enfoca exclusivamente en la célula y en la celebración

Verdad: La iglesia celular se enfoca en sistemas claves que producen vida en la célula y en la celebración

El ministerio de la iglesia celular es simple: célula, celebración, supervisión y capacitación. Estos cuatro aspectos hacen avanzar a la iglesia para hacer más y mejores discípulos semejantes a Cristo. La meta de Cristo es que lleguemos a ser como Él.

Equipar a las personas a través de capacitación basada en la Biblia desarrolla futuros líderes. Sin embargo, esos líderes también deben recibir atención y aliento. La supervisión o coaching es esencial para que las células se mantengan saludables. La célula y la celebración proporcionan la atmósfera donde los discípulos crecen y se desarrollan.

Ruego que te mantengas a la vanguardia y que evites los mitos mientras aplicas las verdades.

Preguntas para reflexión

¿Cuál fue el principio central que aprendió de esta lección?

¿Cuál fue el mito o la verdad de esta lección que más le llamó la atención?

¿Qué mito o verdad le está mostrando Dios que debe aplicar en su iglesia?

Recursos sugeridos:

Libros:

- *Mitos y Verdades de la Iglesia Celular: Principios Claves que Construyen o Destruyen un Ministerio Celular (capítulos 1-2)*

Artículos en Internet:

Mito/Verdad: La Iglesia Celular No Funciona

Mito/Verdad: La Iglesia Celular Es Para Mega-Iglesias

Mito/Verdad: Se Puede Añadir La Visión Celular con lo que Estás Haciendo

Mito/Verdad: Dirigir una Iglesia Celular No Es Diferente que Dirigir Otra Estrategia

Descargar este PowerPoint

PowerPoint de Joel Comiskey sobre esta lección:

https://tinyurl.com/4sunxske

CAPÍTULO 16

Mitos y Verdades: Crecimiento de la Iglesia y Liderazgo

VIDEO DE YOUTUBE ▶

https://youtu.be/oqmWaY0HLnA

R ecuerdo una iglesia que fue un brillante ejemplo de lo que es el ministerio de la iglesia celular. Esta iglesia era equilibrada y generosa y conducía conferencias de iglesias celulares con regularidad. El pastor, sin embargo, se sintió atraído por un modelo latinoamericano en particular y se sometió a sí mismo y a la iglesia a seguir ese modelo. No conocía al pastor principal lo suficiente para hablar directamente con él, ni él buscaba mi consejo.

Sin embargo, sabía que estaba llevando a su iglesia por el camino equivocado. Esta iglesia celular que alguna vez fue equilibrada perdió lentamente su visión, dirección y vitalidad.

Ojalá que podamos evitar mitos que obstaculicen la dirección de la iglesia.

Mitos y verdades sobre el crecimiento de la iglesia

Mito: el crecimiento de la iglesia es la motivación impulsora para convertirse en iglesia celular

Los pastores y las iglesias a menudo se entusiasman con el ministerio de la iglesia celular debido a las posibilidades de crecimiento de la iglesia. Pero ¿qué pasa si tienen expectativas incumplidas? ¿Se debe seguir un modelo mejor y más emocionante?

Verdad: La Teología es el verdadero fundamento sobre el cual se debe fundar una iglesia celular

La motivación correcta para el ministerio de la iglesia celular es la base bíblica. La teología engendra metodología. Dios nos dará crecimiento en su tiempo, pero cuando sabemos que estamos haciendo lo correcto, podemos seguir adelante a pesar de los obstáculos y problemas. ¿Por qué? Porque sabemos que estamos haciendo discípulos de Jesucristo y siguiendo principios bíblicos.

Al saber que la teología engendra metodología, permitiremos que el modelo celular nos moldee como discípulos, sabiendo que Jesús dará el fruto en su tiempo. No nos esforzaremos por establecer un cronograma artificial de crecimiento de la iglesia, que a menudo produce grupos celulares débiles y fabricados.

Debemos orar continuamente por abundante fruto y participar activamente en el proceso. Sin embargo, Dios debe dar el crecimiento, y lo hará en su momento.

Mito: Mi iglesia crecerá si decido convertirme en iglesia celular

El ministerio de la iglesia celular no es una fórmula mágica o una técnica 1,2,3, aunque muchos lo ven como tal.

Verdad: Sólo Jesús puede dar verdadero crecimiento orgánico

La realidad es que sólo Jesucristo puede dar crecimiento real. Sólo Jesucristo puede hacer crecer su iglesia. Después de todo, es su iglesia y no la nuestra.

Hace unos años, caminaba por las arenas de Myrtle Beach, Carolina del Sur. En ese momento, yo estaba luchando internamente con problemas que se presentan en la iglesia celular, y me imaginaba a la iglesia celular como una cometa gigante sentada en la arena. Mientras reflexionaba sobre la imagen de una cometa colosal en la arena, pensé: *Se supone que las cometas vuelan libremente en el aire. Esta cometa, sin embargo, quedó atrapada en la arena.* Luego reflexioné sobre la realidad de que sin un fuerte viento la cometa no puede volar.

Aparte del viento del Espíritu, una iglesia celular es simplemente una estructura sentada en la arena. No irá a ninguna parte ni podrá hacerlo. Muchos libros han explicado la estructura de la iglesia celular y sí, es esencial tener una estructura para entrenar y capacitar a los líderes de manera efectiva. Pero mucho más importante es el viento del Espíritu Santo, que debe soplar vida en las células y en la iglesia.

Dicté un seminario en Nueva Jersey en una iglesia celular pequeña y vibrante que se había estancado. Sin embargo, el pastor se desanimó porque su iglesia no estaba creciendo como se había previsto. Noté que su desaliento se filtraba entre los líderes reunidos esa noche. Se quejó de la falta de crecimiento frente a ellos. Más tarde, mientras nos dirigíamos al aeropuerto, dudó si debía quedarse en la iglesia. Finalmente le dije, "¿Quién da el crecimiento? ¿Tú o Dios? Has hecho un gran trabajo y tienes una iglesia increíble. Espera. Dios dará el crecimiento en su momento".

Mito: No soy exitoso si mi iglesia no crece

Los pastores y líderes a menudo se sienten fracasados cuando no experimentan mucho crecimiento. Esperaban que todas las células se multiplicaran en un año, lo cual no funcionó. Pocos pastores están contentos donde están y desean más crecimiento del que están experimentando en la actualidad.

Verdad: El éxito debe ser medido por el esfuerzo fiel, y no por los resultados

¡Pero la verdad es que tenemos éxito cuando servimos fielmente a Jesús! Tenemos éxito en el proceso de llegar a ser como él en nuestro ministerio.

Hace años, no alcanzaba mis metas de crecimiento en la iglesia y lo sentía como un fracaso ministerial. Jesús comenzó a mostrarme mi error de equiparar los resultados con el éxito en el ministerio. Me di cuenta de que Dios me consideraba exitoso si hacía lo mejor que podía para alcanzar y dirigir la visión celular de acuerdo con su gracia y sabiduría. Dios me mostró que no quería que yo me hiciera responsable del fruto que sólo él podía producir. Después de todo, es su iglesia.

Hace años, estaba haciendo un seminario celular con Mario Vega, el pastor principal de la Iglesia Elim en El Salvador. Mario estaba hablando del rápido crecimiento de Elim a través de la evangelización y el crecimiento celular. Durante el receso, un equipo de plantación de iglesias se me acercó. Eran pioneros en una iglesia entre un grupo de clase alta en Guatemala. Se preguntaban y dudaban por qué no estaban experimentando el rápido crecimiento del que hablaba Mario. Los animé a orar y a hacer su mejor esfuerzo para hacer discípulos a través de la estrategia de la iglesia celular, sabiendo que su grupo objetivo y el contexto eran más difíciles y desafiantes. Les dije que tuvieron éxito en el proceso de ministrar y hacer discípulos para Jesucristo. Después de orar por ellos, noté que las lágrimas brotaban de sus ojos. Necesitaban liberarse de la condena orientada a los resultados que a menudo acompaña a las comparaciones y expectativas de crecimiento de la iglesia.

Lo mismo es cierto para usted, pastor. Permita que el Espíritu de Dios lo use y lo guíe. Él producirá el fruto en su momento y será recompensado por su fidelidad.

Mitos y verdades del liderazgo

Mito: Está bien simplemente añadir el ministerio celular a lo que ya está haciendo

Muchos pastores quieren complementar el ministerio celular con lo que ya están haciendo. Quizás hayan oído hablar de una iglesia celular próspera y hayan decidido agregar el modelo a su agenda completa.

Verdad: El pastor debe hacer del ministerio celular su prioridad central

Mientras estudiaba las iglesias celulares en todo el mundo, seguía escuchando la frase: "El Ministerio Celular es nuestra columna vertebral". La iglesia celular no es simplemente un programa adicional sino la base de la iglesia, muy parecida al sistema operativo de una computadora. Otros ministerios surgen del ministerio celular, y no al revés.

Cuando una iglesia haya hecho la transición completa a la estrategia celular, todos estarán en un grupo celular antes de involucrarse en ministerios adicionales de la iglesia.

Les digo a los pastores que cuenten el costo antes de comenzar su jornada hacía la iglesia celular. Es mejor preparar completamente a los líderes claves, comenzar con un grupo piloto y luego crecer hasta convertirse en un ministerio celular en lugar de intentar agregar el ministerio de la iglesia celular como otro programa. No se prepare para el fracaso.

Mito: Los pastores principales deben estar disponibles para todos

Algunos pastores piensan que necesitan hacer todo. ¿No se capacitaron acaso para ser el pastor principal de la iglesia? ¿No deberían hacerlo todo?

Verdad: Los lideres efectivos de iglesias celulares delegan

Efesios 4 dice que el trabajo del líder es preparar al pueblo de Dios para hacer la obra del ministerio (Efesios 4:11-12), no para hacerlo ellos mismos.

Los pastores sabios de iglesias celulares entienden que no deben estar disponibles para todos. Necesitan delegar. Antes de apresurarse a ayudar a los miembros de la iglesia, preguntarán si la persona ha recibido ayuda de su líder celular o equipo. Los pastores de iglesias celulares toman los casos más difíciles, como leemos en Éxodo 18, pero siguen la cadena de supervisión y no tratan de pasar por alto el liderazgo de otros.

Mito: Existen menos problemas en la iglesia celular que en el ministerio tradicional

La gente a menudo quiere una solución rápida, algo que resuelva todos sus problemas, por lo que piensan que el ministerio de la iglesia celular les dará menos dolores de cabeza y dificultades.

Verdad: El ministerio de la iglesia celular revela problemas a menudo escondidos bajo el trajín del ministerio tradicional

La realidad es que el ministerio de la iglesia celular ayuda a las personas a expresar lo que realmente está sucediendo en sus vidas y les da la oportunidad de practicar el consejo de Santiago: "Por eso, confiésense unos a otros sus pecados, y oren unos por otros, para que sean sanados. La oración del justo es poderosa y eficaz". (Santiago 5:16, NVI)

A medida que el pueblo de Dios comienza a practicar la transparencia, podría parecer que la gente tiene más problemas y que la iglesia está en crisis. Sin embargo, en realidad, ¡la sanidad apenas ha comenzado!

Un médico puede diagnosticar un tumor y luego extirparlo quirúrgicamente. Sólo después podrá comenzar la sanidad.

Durante un seminario en Puerto Rico, un anciano sabio comentó que no sabían que la iglesia tenía tantos problemas hasta que comenzaron el ministerio de grupos celulares. Sin embargo, ahora estaban experimentando inmensas sanidades y bendiciones.

Las iglesias tradicionales pueden aparecer brillantes, hermosas y llenas de vida. La gente se sienta, sonríe y se va. Sin embargo, a menudo no se enfrentan a luchas y problemas que están bajo la superficie.

Mito: Si fracasas, prueba otra cosa.

Verdad: Fracasar te conducirá a descubrir lo que mejor funciona en tu contexto

Uno de los libros de John Maxwell es *Fracasar Adelante* [Failing Forward]. Aprendemos más a través de nuestros errores. Alguien dijo que debes fallar tres veces en el ministerio celular para hacerlo bien. Creo que necesitas fallar más.

No te rindas. Jesús está de tu lado y utilizará el proceso para convertirte en un hacedor de discípulos.

Preguntas para reflexión

¿Cuál fue el principio central que aprendió de esta
lección?

¿Cuál fue el mito o la verdad de esta lección que más
le llamó la atención?

¿Qué mito o verdad le está mostrando Dios que
debe aplicar en su iglesia?

Recursos sugeridos:

Libros:

- *Mitos y Verdades de la Iglesia Celular:
  Principios Claves que Construyen o
  Destruyen un Ministerio Celular
  (capítulos 3-4)*

Artículos en Internet:

*Mito/Verdad: Mi Iglesia Crecerá Si Decido
  Convertirme en Iglesia Celular*
*Mito/Verdad: El Crecimiento de la Iglesia es la
  Motivación Impulsora para Convertirse en
  Iglesia Celular*
*Mito/Verdad: No Soy Exitoso Si mi Iglesia no
  Crece*

Descargue este PowerPoint

PowerPoint de Joel Comiskey sobre esta lección:

https://tinyurl.com/4zx8kns4

CAPÍTULO 17

Mitos y Verdades: La Célula

VIDEO DE YOUTUBE ▶

https://youtu.be/w6_stJvCiIE

E l ministerio de la iglesia celular no es una estrategia legalista sino una manera de hacer discípulos mejores y más fructíferos. Sin embargo, al hacer discípulos a través del ministerio celular, un pastor o líder bien intencionado a menudo crea y promueve una regla que obstaculiza el proceso. En lugar de ayudar a que fluya el amor y la gracia en el proceso del discipulado bíblico, el ministerio celular se estanca y se vuelve legalista.

Mito: Todos los grupos deben ser homogéneos

Una de esas reglas sucedió en una famosa iglesia celular en América Latina que declaraba dogmáticamente que todos los grupos debían ser de hombres, de mujeres, de niños o de jóvenes. No se permitía ninguna otra homogeneidad. ¿Por qué? Alguna unción especial residía en estas categorías.

Verdad: Permita que la homogeneidad se desarrolle naturalmente mientras se multiplican las células

Dios usa una amplia variedad de homogeneidad para hacer discípulos fructíferos. Aconsejo empezar por una definición de calidad y dejar que la homogeneidad fluya de forma natural. Por ejemplo, *3 y 15 personas que se reunirán semanalmente fuera del edificio de la iglesia con el propósito de evangelizar, tener comunidad y crecer espiritualmente con el objetivo de hacer discípulos que hagan discípulos que resulten en multiplicación.*

La mayoría de las iglesias celulares se basan en células familiares. La familia es la base de la iglesia y la sociedad. Sin embargo, la homogeneidad única a menudo fluye naturalmente de las células familiares. Nuevos grupos podrían alcanzar una homogeneidad específica, como células de hombres, células de jóvenes, etc.

Mito: El anfitrión designado debe ser una sola persona

Algunas iglesias han declarado que el grupo no puede comenzar a menos que haya un anfitrión designado o alguien diferente al líder. ¿Pero de dónde sacaron esta regla? En el Nuevo Testamento, el anfitrión de la iglesia en la casa era a menudo también el líder. Me regocijo en esas iglesias celulares saludables con un anfitrión que ha abierto su casa, pero ¿es esta la única manera de hacerlo?

Verdad: Un arreglo para compartir el privilegio de anfitrión es a menudo la mejor opción

Muchas iglesias celulares rotan entre sus miembros el privilegio de anfitrión para tomar turnos en recibir es sus casas una célula. Después de todo, cuando los miembros abren sus hogares y aprendan a ser anfitriones, se parecerán más a Jesús a medida que aprendan a confiar en él.

¿Y es posible que el líder sea también el anfitrión? Como se mencionó anteriormente, una de las razones por las que proliferó la iglesia del Nuevo Testamento fue porque el anfitrión también dirigía la iglesia en su casa.

He dirigido grupos desde mi casa, otros que rotaban de casa en casa y a otros que se reunían en casa de otra persona. Todas las estrategias de anfitriones tienen su lugar según las necesidades y disponibilidad. Aún así, debemos tener cuidado de no agregar reglas que puedan estancar el proceso de hacer discípulos que hagan discípulos.

Mito: Pedirles a todos los que estén en una célula que refrene el uso de dones espirituales

La posición de algunas iglesias es considerar que cada persona puede crear su propio ministerio de acuerdo con sus deseos y talentos. "Ven a mi iglesia y decide lo que quieres hacer y el ministerio que quieres crear", es la filosofía de algunas iglesias. En una sociedad individualista, pedir a todos que formen parte de un grupo celular parece una actitud cerrada.

Verdad: El grupo celular es el mejor lugar para descubrir dones espirituales

La realidad es que todos los pasajes sobre los dones del Espíritu Santo en el Nuevo Testamento fueron escritos para iglesias en las casas. El ambiente de grupos pequeños es el mejor lugar para desarrollar y usar los dones del Espíritu. Por supuesto, no es el único lugar, pero las iglesias celulares creen que cada creyente debe crecer inicialmente en la atmósfera de una célula.

A los fieles en las cosas pequeñas se les pedirá que utilicen sus dones y talentos en el contexto más amplio de la iglesia.

Mito: La iglesia celular trata sólo acerca de la célula

La célula es vital en el movimiento de la iglesia celular, pero ¿hay más?

Verdad: La meta de la iglesia celular es hacer discípulos

Algunos no me creen cuando digo: "No soy una persona principalmente comprometida con las células". ¿Qué? Sí, No estoy centrado principalmente en las células ni en la iglesia celular. Mi pasión es hacer discípulos que hacen otros discípulos. Sucede que la célula es el mejor ambiente para formar y moldear a los futuros discípulos.

Jesús eligió esta atmósfera al formar a los doce. La iglesia primitiva se reunía de casa en casa. Las iglesias celulares también destacan la capacitación, supervisión, y las celebraciones de fin de semana. O sea, el proceso de hacer discípulos es más allá de la célula. Pero nunca debemos olvidar el discipulado como fuerza impulsora.

Mito: Las células son una extensión del servicio dominical

Muchos pastores e iglesias emplean grupos pequeños para cerrar la puerta trasera. Cualquier grupo pequeño servirá siempre y cuando mantenga a la gente regresando a los servicios dominicales.

Verdad: La célula es la iglesia

La realidad es esta: la célula es la iglesia. Los escritores bíblicos usan la palabra *ekklesia* para referirse a la iglesia en la casa y a la iglesia de la ciudad. *Ekklesia* se utiliza para ambos. Los escritores del Nuevo Testamento no vieron esas primeras iglesias en las casas como algo incidental o complementario. Nosotros tampoco deberíamos hacerlo.

Por ejemplo, todas las iglesias celulares latinoamericanas en mi estudio inicial recibieron ofrendas en los grupos celulares. Querían asegurarse de que los asistentes de la célula participaran en toda la experiencia de ir a una iglesia. Muchos grupos celulares toman la cena del Señor y bautizan a su gente. Por supuesto, todo se hace en conjunto con el liderazgo de la iglesia local.

Mito: Las células deben abarcar a todos los grupos pequeños

Es fácil caer en la trampa de hacer que la definición de grupo pequeño sea muy amplia para dar cabida a todos los grupos pequeños. Algunas iglesias quieren proclamar una gran cantidad de grupos.

Verdad: comience con una definición de calidad de la célula

La realidad es que, si todo es célula, nada es célula. Una definición de calidad importa. ¿Por qué? Por el discipulado.

Los discípulos fuertes de Jesús tienen muchas más posibilidades de crecer y desarrollarse en un grupo pequeño bien definido que en uno programático. No estoy diciendo que el crecimiento espiritual no ocurra en los ministerios y grupos de la iglesia convencional. En cambio, una definición de calidad garantiza el control de calidad, esencial en un ministerio de hacer discípulos.

Preguntas para reflexión

¿Cuál fue el principio central que aprendió de esta
lección?

¿Cuál fue el mito o la verdad de esta lección que más
le llamó la atención?

¿Qué mito o verdad le está mostrando Dios que
debe aplicar en su iglesia?

Recursos sugeridos:

Libros:

- *Mitos y Verdades de la Iglesia Celular:
  Principios Claves que Construyen o
  Destruyen un Ministerio Celular
  (capítulos 5-6)*

Artículos en Internet:

*La Célula Es La Iglesia
Las Células Claramente Definidas Hacen Más y
  Mejores Discípulos
Descubre Tu Don en una Célula*

Descargar este PowerPoint

PowerPoint de Joel Comiskey sobre esta lección:

https://tinyurl.com/2yb72fbu

CAPÍTULO 18

Historia de la Iglesia Celular

VIDEO DE YOUTUBE ▶

https://youtu.be/HlasAnCJRO4

E l escritor de Eclesiastés tenía razón cuando dijo: "No hay nada nuevo debajo del sol". Incluso la iglesia celular hoy en día es una versión de un modelo anterior. Alguien dijo: "Si no aprendemos de la historia, probablemente la repetiremos". Al observar los movimientos de grupos pequeños a lo largo de la historia, podemos aprender principios valiosos que nos ayudarán a hacer correcciones a lo largo del camino.

La historia bíblica de los grupos pequeños empezó cuando aproximadamente dos millones de israelitas viajaban por el desierto y tenían una excesiva dependencia de Moisés para administrar y atender sus necesidades. En Éxodo 18, Jetro exhortó a Moisés a organizarse en grupos de 10, 50, 100 y 1000. Moisés obedeció el consejo de Jetro y desarrolló líderes para cada nivel.

Jesús dirigió un movimiento de grupos pequeños, que se reunían en hogares de toda Galilea y Judea. Envió a sus discípulos a los hogares para evangelizar y multiplicarse. Cuando ocurrió Pentecostés en Hechos 2, los discípulos organizaron a la multitud en iglesias en las casas mientras predicaban en reuniones más grandes.

Pablo habló repetidamente de predicar públicamente y de casa en casa (Hechos 20:20), y sabemos que la iglesia primitiva era un movimiento de iglesias en las casas. Debemos entender el ministerio de casa en casa para entender el contexto del Nuevo Testamento.

Cuando Constantino se convirtió en emperador en el año 312 d.C., todo cambió. Ya no era necesario el ministerio de casa en casa. Constantino empleó a muchos de los líderes de las iglesias en las casas para administrar las catedrales recién construidas, y el mundo se sumergió en la Edad Media.

Muchos quedaron desilusionados por la iglesia Constantiniana y se rebelaron al encontrar a Dios en el desierto y la soledad. Muchos sintieron la necesidad de purificar la iglesia y algunos decidieron reunirse en grupos para hacer comunidad. Eran conocidos como monjes que se reunían en los monasterios. Muchos intentaron ganarse la salvación mediante buenas obras, pero otros movimientos se parecían a los de la iglesia primitiva.

El movimiento Celta de San Patricio representó un regreso al cristianismo del Nuevo Testamento. Estableció a pequeños grupos e invitó a los paganos a "probar y ver" que el Señor es bueno. Dios usó estas comunidades para convertir a las tribus paganas y luego Patricio las preparó para iniciar nuevas comunidades.

Cientos de años después, *Los Hermanos de la Vida Común* fueron otro movimiento local dentro de la Iglesia Católica. Se reunieron de casa en casa y se multiplicaron cuando llegaron a veinte personas. Querían ser conocidos como hermanos más que como sacerdotes y vivían en barrios normales. Thomas O. Kempis vino de este movimiento y escribió La Imitación de Cristo.

La mayoría de los movimientos de grupos pequeños encontraron expresión fuera de la jerarquía católica y experimentaron persecución debido a sus creencias bíblicas.

Dios convirtió a Peter Waldo (Pedro Valdo) en Francia y le dio un hambre profunda por la Palabra de Dios. Fue a todas partes predicando el evangelio e incluso trató de obtener permiso de la iglesia católica. Cuando Valdo no respondió con precisión a todas las preguntas del comité en Roma, no le permitieron predicar, pero continuó predicando el evangelio en todas partes. Muchos se convirtieron y se reunieron de casa en casa para amarse unos a otros, estudiar la Palabra de Dios y practicar el cristianismo neotestamentario. El movimiento que inició Waldo se denominó, *Los Valdenses*.

In Inglaterra, John Wycliffe tradujo la Biblia al inglés y sus seguidores fueron llamados *los Lolardos*. Creían que la Biblia era la única guía autorizada y rechazaban la tradición católica, incluida la primacía del Papa, la transustanciación y todas las reglas que la iglesia católica había establecido. Muchos Lolardos fueron quemados en el fuego por sus convicciones.

John Hus, discípulo de Wycliff, llevó las enseñanzas de Wycliff a Praga en la República Checa. Hus, un sacerdote de una iglesia prominente predicó desde el púlpito la autoridad de la Palabra de Dios. Muchos sacerdotes y obispos se convirtieron, pero pronto la jerarquía romana lo resistió y le tendió una trampa a Hus. Engañaron a Hus y lo quemaron en la hoguera. Sin embargo, los seguidores de Hus, acertadamente llamados *husitas*, continuaron reuniéndose en pequeños grupos por toda Bohemia, estudiando la Palabra de Dios, creciendo en su fe y resistiendo los dictados católicos.

Lutero, un monje agustino, agonizaba al tratar de perfeccionarse a través de buenas obras y redescubrió la verdad bíblica de la justificación solo por la fe, solo por la gracia, solo a través de la Biblia. También predicó el sacerdocio de todos los creyentes. Lutero triunfó gracias a la protección de las autoridades alemanas. Lutero creía en los grupos pequeños, pero temía la fragmentación de la Reforma.

Los anabaptistas creían en la enseñanza central de la Reforma, pero querían llevar esa enseñanza a su conclusión lógica y bautizar a los adultos creyentes mediante inmersión. Sentían que los verdaderos creyentes debían reunirse por separado para adorar, resistiendo la religión del Estado de los luteranos y calvinistas. Los reformadores persiguieron a los anabaptistas y muchos perdieron la vida. Los anabaptistas se reunían de casa en casa para practicar el cristianismo del Nuevo Testamento.

Los puritanos de Inglaterra eran principalmente calvinistas, pero creían que necesitaban reformar la jerarquía anglicana. La reina y el rey resistieron sus esfuerzos y muchos puritanos (separatistas) huyeron a América, donde establecieron una iglesia basada en el Nuevo Testamento, con libertad religiosa. Los puritanos se reunían en conventículos (grupos pequeños) para aplicar las Escrituras a su vida cotidiana. En Inglaterra, se les prohibió reunirse en grupos en las casas, pero decidieron que era mejor obedecer a Dios antes que a los hombres, lo cual causó su salida a América.

Uno de mis héroes es Felipe Spener, un pastor luterano del siglo XVIII que promovió la espiritualidad en la iglesia luterana. Spener es el padre del evangelicalismo moderno porque enseñó la transformación divina de la fe cristiana y no simplemente la creencia en ciertas verdades teológicas. Escribió un libro famoso, Pia Desideira (Vivir piadosamente), en el que hablaba de la devoción personal, las reuniones en grupos pequeños y la piedad personal. Spener puso las notas de sus sermones en lecciones para grupos pequeños y preparó a los laicos o pueblo de Dios para realizar el trabajo del ministerio. Antes de su muerte, fundó una universidad llamada Halle, en la que continuó enseñando principios pietistas.

El conde Zinzendorf, estudiante de Halle, se convirtió en discípulo de las enseñanzas pietistas de

Spener. También era rico y poseía grandes extensiones de tierra. Invitó a *los husitas* a vivir en su tierra y los guió para que se reunieran en pequeños grupos llamados bandas. El aspecto único de la visión pietista de Zinzendorf fue su énfasis en la evangelización a través de estas bandas. Envió estas bandas por todo el mundo y Dios dio origen al moderno movimiento misionero *Moravo*.

Dios usó a *los Moravos* para convertir a Juan Wesley. Wesley visitó las bandas de Zinzendorf y tomó notas. Welsey inició un movimiento similar de grupos pequeños en Inglaterra con adaptaciones específicas. Wesley creía que la predicación sin establecer grupos pequeños era infructuosa y estableció el Movimiento *Metodista*. A su muerte, dejó 10,000 grupos pequeños y 100,000 en las reuniones de celebración más grandes. Un miembro que asistiera a las reuniones más grandes tenía que mostrar prueba de asistencia a los grupos pequeños.

El movimiento de grupos pequeños de hoy en día continúa las oleadas de avivamientos de grupos pequeños a lo largo de la historia de la iglesia y destaca características similares. Muchos creen que David Cho fundó el movimiento actual, haciendo crecer su iglesia a 25,000 células y 250,000 personas. Abundan las mega iglesias, pero también los movimientos de plantación de iglesias. La célula es la iglesia, y esos pequeños grupos se reúnen para adorar juntos y escuchar la Palabra de Dios.

Detallo estos movimientos en mi libro 2000 años de grupos pequeños. Pastor, Dios desea guiarlo y bendecirlo mientras establece grupos pequeños en su iglesia.

Preguntas para reflexión

¿Cuál fue el principio central que aprendió de esta lección?

¿Qué movimiento histórico de grupos pequeños le impresiona más? ¿Por qué?

¿Cómo puede aplicar las lecciones de estos movimientos a su propio ministerio de grupos pequeños?

Recursos sugeridos:

Libros:

- *2000 Años de Grupos Pequeños: Una historia del Ministerio Celular en la Iglesia* (capítulos 1-15)

Artículos en Internet:

La Desaparición de la Iglesia en la Casa
Grupos Pequeños durante la Pre-Reforma
Los Metodistas
El Movimiento de la Iglesia Celular

Descargar este PowerPoint

PowerPoint de Joel Comiskey sobre esta lección:

https://tinyurl.com/2p6rwva2

CAPÍTULO 19

Niños en el Ministerio Celular

VIDEO DE YOUTUBE ▶

https://youtu.be/QWu5nTDLDxo

M i jornada con niños en el ministerio celular comenzó en Ecuador cuando le pedimos a nuestro director de Educación Cristiana que preparara lecciones celulares para los grupos celulares de nuestros niños. Y luego, en Moreno Valley, comenzamos una iglesia en mi casa, y mis hijas dirigieron el grupo celular de niños.

Sin embargo, sólo entendí la profundidad del ministerio celular infantil después de escribir el libro

Los Niños en el Ministerio Celular. El libro me abrió los ojos a lo que Dios está haciendo mundialmente para hacer discípulos que hacen discípulos a través de los niños.

La Biblia es el primer lugar para comenzar. Jesús a menudo dejaba todo lo que estaba haciendo para ministrar a los niños. Nos dijo que necesitábamos llegar a ser como niños pequeños para entrar al Reino de Dios y que los más grandes en el Reino eran los niños. Sabemos también que, en las iglesias en las casas en la iglesia primitiva, hubo muchos niños, y entre ellos muchos huérfanos. ¿Estaban con los adultos todo el tiempo? ¿En habitaciones separadas? No estamos cien por ciento seguros. El Antiguo Testamento también está repleto de exhortaciones a enseñar a los niños los caminos de Dios en todo momento.

También aprendí de los primeros pioneros del ministerio de los grupos pequeños para niños. Ralph Neighbour, por ejemplo, en los años de 1980 notó que los adultos intentaban enseñar a los niños en los escalones gigantes de la Iglesia del Evangelio Completo de Yoido, pero sintió que había la necesidad de desarrollar una mejor manera para hacerlo. Regresó a Houston para perfeccionar los grupos celulares intergeneracionales que incluían a los niños. Daphne Kirk y Lorna Jenkins fueron pioneras principales del ministerio celular infantil.

Los pastores que tienen ministerios infantiles exitosos imaginan el futuro ahora. No esperan por el ministerio juvenil, sino que toman en serio la necesidad de discipular a los niños ahora. Pienso en el pastor Keison en Barquisimeto, Venezuela. Keison visitó a Gales para conocer los avivamientos pasados y su historia. En cambio, vio edificios enormes y vacíos. Dios le habló y le dijo: "A menos que le des prioridad a los niños ahora, terminarás igual". Regresó a Barquisimeto y priorizó a los niños. Cuando ministraba en su iglesia, noté hermosos salones de escuela dominical y 250 grupos celulares para niños.

También, está la Iglesia La Viña en Goiania, Brasil. Esta iglesia tiene 10,000 grupos celulares de niños a lo largo del mundo, con unos 2,000 en la iglesia madre. Se han comprometido a discipular a los niños ahora mismo.

La meta de la iglesia celular es hacer discípulos que hagan discípulos. ¿Pero esto se aplica principalmente a los adultos? No. También debemos ver a los niños como discípulos que deben crecer y desarrollarse.

El ministerio de la iglesia celular es un ministerio de dos alas. Es decir, los discípulos se forman y moldean en la célula y en la celebración, no en lo uno ni en lo otro. La mayoría de nosotros conocemos o hemos experimentado la escuela dominical para niños y la capacitación para niños los domingos.

Enseñar a los niños el domingo es excelente ya que la mayoría de las conversiones ocurren antes de los catorce años.

Las iglesias celulares llevan la capacitación un paso más allá y aplican la enseñanza dominical a los grupos celulares. Los niños, al igual que los adultos, están siendo capacitados los domingos, pero también utilizan la capacitación en grupos celulares durante la semana. ¿Pero en qué tipo de grupos celulares infantiles?

En el ministerio celular hoy en día, hay dos tipos principales de grupos celulares. Uno se llama células intergeneracionales y el otro es lo que yo llamo grupos celulares sólo para niños.

Los grupos intergeneracionales mezclan adultos con niños. Lo más probable es que la iglesia primitiva tenía células intergeneracionales. Los padres normalmente traen a sus hijos, pero los niños pueden invitar a sus amigos. La belleza de los grupos intergeneracionales es conectar a las generaciones. Los niños se benefician de la sabiduría que aporta el envejecimiento y los adultos se sienten más jóvenes cuando hay niños presentes.

Muchos grupos intergeneracionales llegarán a un acuerdo con los padres sobre el comportamiento de sus hijos. El acuerdo podría incluir no correr en la casa, no permitir escribir en las paredes, etc.

Normalmente, en los grupos intergeneracionales, los niños comienzan con los adultos con el rompe-hielos y la adoración. Los líderes deben ser sensibles en incluir a los niños tanto como sea posible. Luego, los niños van a otra sala para la hora de la lección. Dos adultos o jóvenes deben dirigir el tiempo de la lección. Si no hay adultos disponibles, a menudo los adultos se rotarán entre ellos con la esperanza de que alguien se sienta llamado a dirigir a los niños con mayor regularidad.

Los niños experimentan la Palabra de Dios y oran por su crecimiento espiritual. A veces, durante el refrigerio, presentan lo que aprendieron a los adul-tos en forma de drama o cuento.

Muchas iglesias alrededor del mundo están implementando efectivamente los grupos intergene-racionales experimentando mucho fruto.

El otro tipo de grupo celular se llama células exclusivas para niños. En estos grupos, la atención se centra en los niños de principio a fin. Este tipo de célula puede realizarse en el patio trasero o en otra habitación de la casa. A menudo ocurren después de la escuela en un vecindario específico.

La Iglesia Elim pone mucho esfuerzo y capa-citación en los grupos solo para niños. Jenny, por ejemplo, pasó más de un año de capacitación para prepararse para ser líder de una célula infantil.

Comenzó a dirigir una célula infantil en un barrio pobre de San Salvador. Leonel fue uno de los niños que empezó a llegar a su grupo.

Leonel vivía con su abuela porque su madre no podía cuidar de él. Las pandillas e influencias malignas estaban por todas partes, pero Jenny prestó especial atención a Leonel, ayudándolo a memorizar las Escrituras y participar en el grupo celular. Leonel escapó de la trampa del enemigo por la gracia de Dios y continuó siguiendo a Jesús. Cuando entrevisté a Jenny y Leonel, me alegré de que Leonel estuviera matriculado en la universidad y fuera una parte vibrante del ministerio juvenil de Elim.

La iglesia La Viña es un excelente ejemplo de células solo para niños. La Viña plantó una iglesia en Cusco, Perú, que creció exponencialmente. ¿Por qué? Por las células de niños. Escuché que Cusco era un cementerio de iglesias evangélicas, y es cierto que la mayoría de las iglesias tienen luchas. La Viña es diferente. José Luis me recogió en el aeropuerto, compartió su conversión en un grupo celular de niños y luego se convirtió en líder de una célula juvenil. En ese entonces estaba sirviendo en el equipo pastoral. La mayoría de los once pastores se convirtieron mientras asistían a las células de niños. En el momento de mi visita, la Iglesia de La Viña en Cusco tenía 900 grupos celulares, y 450 eran grupos celulares de niños.

Las iglesias que recogen la cosecha con grupos celulares de niños prestan especial atención a equipar a toda la iglesia, comenzando por los niños. Algunas iglesias celulares tienen ruta de capacitación completas de equipamiento dirigidas a los niños. Todas dan prioridad a la formación de los niños asegurándose de que la capacitación está llena de muchas historias y dramatismos. A los niños les encanta representar lo que aprendieron y aprenden mejor cuando experimentan la enseñanza. Las iglesias a menudo fracasan cuando pasan por alto la espiritualidad de los niños y no confían en que los niños puedan escuchar a Dios, orar por los demás y usar sus dones.

Una razón del fracaso es no preparar a los padres. Los padres deben llevar a sus hijos a grupos celulares, abrir sus casas y participar en el liderazgo. Aunque la iglesia en Barquisimeto, Venezuela, tiene 250 grupos celulares de niños, los líderes confesaron que el problema más significativo es la falta de participación de los padres. Los padres pueden olvidar muy fácilmente que alguna vez fueron niños. Algunos padres tienen que superar su incredulidad al no poder creer que Dios comienza con los niños cuando hace discípulos que hacen discípulos.

Las iglesias que dan prioridad a los niños y recogen la cosecha toman en serio el discipulado de los niños. También son muy protectoras con los niños y se aseguran de que todos los grupos celulares de niños estén dirigidos por dos líderes que hayan sido totalmente aprobados por el liderazgo de la iglesia y que no tienen ninguna historia de abuso sexual (comprobado por la policía). Una regla fundamental es no estar nunca a solas con un niño. El abuso infantil es muy real y la iglesia de Cristo necesita caminar en total pureza ante el Señor y las autoridades locales.

Sobre todo, orar. Hacer discípulos de los niños es una batalla espiritual y debemos comenzar ganando la guerra a través de la oración.

Preguntas para reflexión

¿Cuál fue el principio central que aprendió de esta lección?

¿Qué debe hacer para priorizar a los niños en el ministerio celular?

Si no tiene un grupo celular de niños, ¿qué hará para iniciar el proceso?

¿Cómo evitará los peligros y los fracasos en esta área de los niños en el ministerio celular que se mencionan en esta lección?

Recursos sugeridos:

Libros:

- *Los Niños en el Ministerio Celular:*
  Discipulando a la Futura Generación, ¡Ya!
  (Capítulos 1-11).

Artículos en Internet:

Reconectando Las Generaciones
Pioneros en el Ministerio Celular para Niños
Iglesia La Vid: Levantando a los Niños para
  Ministrar
Jenny, Una Líder Efectiva con Niños

Descargar este PowerPoint

PowerPoint de Joel Comiskey sobre esta lección:

https://tinyurl.com/z2uedz7b

CAPÍTULO 20

Los Jóvenes y el Ministerio Celular

VIDEO DE YOUTUBE ▶

https://youtu.be/19lUg5cgNkl

Mi jornada

Mi jornada en el ministerio celular comenzó cuando tenía diecinueve años. Dios me mostró que iba a dirigir un estudio bíblico. No mucho después, mi hermano menor, Andy, se acercó a mí para que ayudara a algunos creyentes más jóvenes a crecer en su fe. Nos reuníamos semanalmente en casa de mis padres, rotando entre su casa y la del vecino de al lado en Long Beach, California. Sólo tenía dos años de ser convertido, pero crecí a medida que compartía mi limitado conocimiento a los demás.

Una noche, un misionero habló en nuestro grupo y ese día Dios me llamó a ser misionero. Esos días estuvieron llenos de emoción porque era el final del *movimiento de Jesús* en el sur de California, y Dios se estaba moviendo poderosamente.

Dios siempre ha obrado a través de los jóvenes. Piensa conmigo sobre los jóvenes que Dios ha usado.

Antecedentes bíblicos para el ministerio juvenil

José era un "joven de diecisiete años" cuando Dios le dio un sueño que finalmente lo llevó a salvar al mundo del hambre y liberar a su familia (Génesis 37).

- Josué fue el ayudante de Moisés desde "su juventud" (Números 11:28) y ayudó a guiar a los israelitas a la tierra prometida.
- Samuel escuchó por primera vez la voz y el llamado de Dios cuando era niño. Más tarde, testificó que "desde su juventud" había guiado a Israel (1 Samuel 12:2).

- Rut era todavía una mujer joven cuando siguió a Noemí de regreso a la tierra de Israel (Rut 1).
- David era un niño cuando derrotó a Goliat. Dios moldeó su carácter como un pastorcillo que cuidaba las ovejas (1 Samuel 17).
- Daniel y sus amigos eran adolescentes cuando fueron transportados a Babilonia. Dios lo usó para interpretar sueños y cambiar esa nación (Daniel 1-5).
- María, la madre de Jesús, era una niña cuando se le apareció el ángel (Lucas 1:26-38).
- Algunos consideran que Jesús dirigió el primer "grupo de jóvenes", porque los discípulos probablemente tenían menos de dieciocho años.
- El apóstol Pablo comenzó a trabajar con Timoteo cuando tenía aproximadamente dieciséis años. Pablo preparó a Timoteo para ser pastor de la iglesia en Éfeso, diciéndole: "Que nadie te menosprecie por ser joven. Al contrario, que los creyentes vean en ti un ejemplo a seguir en la manera de hablar, en la conducta, y en amor, fe y pureza". (1 Timoteo 4:12)

Ventana de oportunidad

Debemos recordar que la mayoría de las personas se convierten antes de los dieciocho años. Debemos aprovechar esta ventana de oportunidad para llegar a ellos. Dios quiere que demos prioridad a los niños y jóvenes.

Dios usó a Luis Bush para promover y priorizar la ventana 10/40, el área geográfica donde viven la mayoría de los pueblos no alcanzados del mundo. Posteriormente, Luis Bush centró su atención en la ventana del 14/4, que se refiere a las edades de cuatro a catorce años en las que la mayoría de las personas reciben a Jesús como Señor y Salvador.

Discipulado relacional

Abundan las técnicas para llegar a los jóvenes. Algunos creen que los conciertos, las noches de juegos y las fiestas son las mejores formas de llegar a los jóvenes de hoy.

Si, es cierto que debemos experimentar con lo que funciona mejor en contextos particulares. Sin embargo, el alcance relacional es bíblico e importante para los jóvenes de hoy. Los jóvenes buscan vínculos familiares y un sentido de pertenencia. La influencia de los compañeros es fuerte y debemos ofrecerles el amor de Dios a través de la comunidad.

Carlos creció en un hogar roto en San Salvador. Nunca había oído a su madre decirle que lo amaba y su padre había abandonado el hogar cuando él era joven. Carlos descendió al mundo de las drogas. Por la gracia de Dios, aceptó la invitación de asistir a un grupo celular de la iglesia Elim en San Salvador. Carlo escuchó el evangelio de Jesucristo, pero fue la acción del líder que le tocó. El líder se acercó a Carlos después de la célula y le dijo: "Jesús conoce tu tristeza y quiere ayudarte".

Carlos empezó a llorar, confesando su necesidad del amor de Dios. El recibió a Jesús y encontró una nueva familia.

Nunca volvió a las drogas después de ese día. Jesús llenó su corazón y pasó a formar parte de una nueva familia. Se reconcilió con sus padres y estos le pidieron perdón. Carlos continuó creciendo como discípulo de Cristo y eventualmente dirigió su propio grupo celular.

Jesús desea llegar a las personas en una atmósfera de amor y cuidado. Ha venido para extender a los hombres una nueva familia, la familia de Dios.

Sistema orgánico juvenil

El ministerio de grupos pequeños ofrece una manera orgánica de ministrar en lugar de una fórmula programática. Dios usa la iglesia celular para alcanzar a los jóvenes en la célula, la congregación y la celebración.

La definición de grupo celular en el ministerio juvenil es la misma que la de adultos: de 3 a 15 personas que se reúnen semanalmente fuera del edificio de la iglesia con el propósito de evangelizar, tener comunidad y crecer espiritualmente. El objetivo es hacer discípulos que hagan discípulos, lo que resulta en multiplicación.

Los grupos celulares eficaces se reúnen semanalmente para mantener la ventaja del discipulado. También penetran en un mundo perdido al reunirse fuera del edificio de la iglesia. El edificio de la iglesia es maravilloso para la capacitación, la supervisión (coaching) y las celebraciones dominicales, pero las células se reúnen donde viven y trabajan los no cristianos.

La mayoría de las células juveniles se reunirán en hogares, pero algunas pueden reunirse en un Starbucks, un parque, un campus universitario u otros lugares únicos. El objetivo es hacer discípulos que hagan otros discípulos.

Los jóvenes también necesitan congregarse. Me refiero a grupos celulares de jóvenes que se reúnen para una reunión o actividad distinta. ¿Con qué frecuencia? Si bien puede ser semanal, algunos ministerios juveniles se reúnen una vez al mes.

Como todos los miembros de la iglesia, también se anima a los jóvenes a asistir a las reuniones de celebración semanales, donde se predica la Palabra de Dios y los miembros adoran juntos. Entonces, las células, las congregaciones y las celebraciones son las principales formas en que se reúnen las células. Entonces, ¿cómo son las células juveniles? Noté dos tipos de células juveniles. La primera es la célula juvenil intergeneracional.

Células intergeneracionales

Un grupo celular juvenil intergeneracional sigue la definición típica de una célula y el orden también es similar: bienvenida, adoración, palabra/oración y planificar el evangelismo/multiplicación.

La principal diferencia es que los jóvenes se reúnen con adultos en la célula.

IRest en Reseda, California, tiene unos 500 grupos celulares. En IRest los jóvenes se mezclan con los adultos. Sienten que es una manera poderosa para que los jóvenes se conecten con las generaciones de más edad. Los jóvenes tienen reuniones congregacionales y planean eventos juntos, pero se mezclan con los adultos.

Brian Kannel, pastor principal de York Alliance Church en York, Pensilvania, también promueve los grupos celulares intergeneracionales de jóvenes de su iglesia. Destaca el estímulo que reciben los jóvenes cuando van a la universidad y la nueva vida que infunde a la generación mayor. El pastor Brian admitió que es más difícil para los jóvenes invitar a amigos no cristianos a un grupo celular intergeneracional.

La evangelización es una de las razones por las cuales las células juveniles a menudo deciden lanzar grupos celulares dirigidos por jóvenes.

Grupos celulares liderados por jóvenes

Dove Christian Fellowship comenzó con grupos celulares intergeneracionales de jóvenes, pero descubrió que los jóvenes anhelaban comenzar sus propios grupos celulares liderados por jóvenes. Dove todavía tiene ambos tipos, pero los grupos celulares liderados por jóvenes les han dado un mayor alcance evangelístico y han preparado a los jóvenes para liderar.

La Iglesia Elim en San Salvador tiene una historia similar. Durante sus inicios, solo promovía grupos celulares mixtos con jóvenes y adultos que asistían al mismo grupo. Sin embargo, también notó el mismo anhelo de los jóvenes de formar sus propios grupos. Hoy, Elim tiene cientos de grupos celulares liderados por jóvenes dentro de cada uno de sus distritos.

Capacitación y supervisión (coaching)

Todas las iglesias celulares promueven principalmente hacer discípulos que hacen otros discípulos. Lo hacen a través de células, de la celebración, de la capacitación y de la supervisión (coaching).

Lo mismo es cierto en el ministerio celular juvenil. Para que los grupos celulares florezcan entre los jóvenes, es esencial capacitar y supervisar a los futuros líderes juveniles. Los jóvenes necesitan tanto equipamiento como supervisión para tener éxito.

Errores en el ministerio celular juvenil

Un error en el ministerio juvenil es la falta de constancia. Algunos pastores y líderes de jóvenes ven el ministerio juvenil como un trampolín hacia otro ministerio en lugar de un llamado. El ministerio juvenil fructífero florece con líderes que están dispuestos a ministrar a largo plazo.

Otro error es no preparar a los padres. Los jóvenes no tienen casa propia y es posible que también necesiten más transporte. Los padres deben llenar el vacío, abriendo sus hogares y corazones a los jóvenes.

Otra área que debe mejorar es tomar en serio el trabajo de oración al preparar a los jóvenes. Debemos recordar la batalla espiritual que se debe librar y el amor de Dios por los jóvenes.

Preguntas para reflexión

¿Cuál fue el principio central que aprendió de esta lección?

¿Qué está haciendo para llegar a los jóvenes a través del ministerio celular? ¿Cómo puede mejorar?

¿Cómo evitará los errores del ministerio juvenil que se mencionan en este capítulo?

Recursos sugeridos:

Libros:

- *Los Jóvenes en el Ministerio Celular: Discipulando a la Próxima Generación, ¡Ya! (Capítulos 1-13).*

Artículos en Internet:

Base Bíblica: Dios Empieza con los Jóvenes
Ministrar a Los Jóvenes: Llamado Misionero
Células Intergeneracionales Entre Los Jóvenes
Células Dirigidas por Jóvenes

Descargar este PowerPoint

PowerPoint de Joel Comiskey sobre esta lección:

https://tinyurl.com/2n529ppj

CAPÍTULO 21

Viviendo en Victoria

VIDEO DE YOUTUBE ▶

https://youtu.be/XaDsLERX5y8

Dios quiere que vivamos en victoria. Él nos ha creado para sí mismo y nos ha equipado para dar fruto y vivir vidas abundantes. Pero ¿cómo lo hacemos? Quiero ofrecer algunos principios que creo que marcarán la diferencia en su vida y ministerio.

#1 Mantén el final a la vista

Dios nos dice que lo mejor está por venir. Apocalipsis 21:4 dice: "Ya no habrá muerte, ni llanto, ni lamento ni dolor, porque las primeras cosas han dejado de existir". Enfrentaremos problemas en esta vida, pero nos ayuda enormemente saber que nos espera algo mucho mejor. La Biblia nos dice que pongamos nuestra mirada en las cosas de arriba y no en las de esta tierra. Vivimos en victoria cuando dejamos de mirarnos a nosotros mismos y fijamos nuestros ojos en nuestro Creador.

#2 Experimenta el amor de Dios

Solo cuando experimentamos el amor de Dios podemos amar verdaderamente a los demás. Juan dice, "Y nosotros hemos llegado a saber y creer que Dios nos ama. Dios es amor. El que permanece en amor, permanece en Dios, y Dios en él". (1 juan 4:16). Debemos morar en este amor para tener victoria en la vida cristiana. El amor de Dios es como una roca y nada puede separarnos de su amor perfecto. Tal vez tus padres no estuvieron ahí para ti, pero Dios es diferente y su amor es sólido y continuo.

#3 Recibe la gracia de Dios

La Biblia nos dice que la vida cristiana comienza y termina con su gracia. Su gracia nos justifica por lo que Jesús hizo por nosotros en la cruz. Pero la gracia también obra en nosotros y nos transforma en su imagen. Pablo dice, "Pero por la gracia de Dios soy lo que soy, y la gracia que él me concedió no fue infructuosa. Al contrario, he trabajado con más tesón que todos ellos, aunque no yo sino la gracia de Dios que está conmigo". (1 Corintios 15:10). La gracia de Dios nos libera para vivir una vida cristiana victoriosa.

#4 Confía que Dios está en control

Cuando creemos que Dios controla todas las cosas, podemos caminar confiados, sabiendo que Dios tiene un plan para todo. Pablo dice en Romanos 8:28: "Ahora bien, sabemos que Dios dispone todas las cosas para el bien de quienes lo aman, los que han sido llamados de acuerdo con su propósito". Nada puede suceder fuera del plan de Dios, y él está en control de todas las cosas. Podemos vivir con el conocimiento de que ningún mal puede tocarnos fuera del plan y la voluntad omnipresente de Dios.

#5 Pasa tiempo a diario con Dios

La bendición de ayer no será suficiente para hoy. Cada día tiene suficientes problemas y necesitamos alimento espiritual. Jesús nos dijo, "Danos hoy nuestro pan cotidiano". (Mateo 6:11). Necesitamos alimento físico y espiritual diariamente. Tomar tiempo para los devocionales diarios es esencial para la vida cristiana. Algunos preparan sus sermones durante el tiempo devocional, pero es necesario alimentar nuestras almas en la Palabra de Dios, la oración y la adoración.

#6 Invierte en tu círculo íntimo

Efesios 5 y 6 hablan de la importancia de nuestro círculo íntimo, priorizando explícitamente a nuestras familias. El verdadero éxito es que quienes están más cerca de nosotros nos amen y respeten al máximo. Ellos saben quiénes somos de cerca, y es esencial vivir la vida cristiana delante de ellos. Ellos son nuestra prioridad. Podemos tener éxito con quienes no nos conocen, pero también es fácil proyectar una imagen que no se alinea con la realidad.

#7 Conéctate con la familia de Dios

Me estoy refiriendo aquí a la iglesia local. Podrías decir: "Pero soy pastor. Por supuesto, estoy conectado con la iglesia local. Pero observa lo que dice Lucas en Hechos, "Se mantenían firmes en la enseñanza de los apóstoles, en la comunión, en el partimiento del pan y en la oración. . . No dejaban de reunirse en el templo ni un solo día. De casa en casa partían el pan y compartían la comida con alegría y generosidad". (Hechos 2:42,46). Lucas está hablando aquí de una iglesia de dos alas. ¿Estás conectado a un grupo pequeño donde puedes recibir de otros y dar a otros?

#8 Tómate tiempo para descansar

Dios nos ha hecho trabajar seis días a la semana y descansar un día. Dios no nos creó para trabajar 24 horas al día, 7 días a la semana. Necesitamos descansar. El día en particular no es tan importante como lo es separar un día libre para descansar. Desde el principio, Dios dijo: "Acuérdate del sábado, para consagrarlo. Trabaja seis días, y haz en ellos todo lo que tengas que hacer, pero el día séptimo será un día de reposo para honrar al Señor tu Dios. No hagas en ese día ningún trabajo". (Éxodo 20:8-11). ¿Estás tomando un día completo para descansar?

#9 Cuida de tu cuerpo

El primer principio fue comenzar con la eternidad en mente. Pronto estaremos con Jesús. Sin embargo, mientras estemos en este cuerpo, debemos cuidarlo. Observe cómo Pablo describe nuestros cuerpos, "¿No saben que sus cuerpos son miembros de Cristo mismo? . . . ¿Acaso no saben que su cuerpo es templo del Espíritu Santo, quien está en ustedes y al que han recibido de parte de Dios? Ustedes no son sus propios dueños; fueron comprados por un precio. Por tanto, honren con su cuerpo a Dios". (1 Corintios 6:15–20). Nuestros cuerpos son el templo de Dios. Él vive en ellos. Debemos cuidarlo como a sus vasos que somos.

He expuesto estos principios en mi libro Vivir en victoria: 9 Verdades Espirituales para la Transformación y la Renovación. Hermano, ruego que Jesús lo llene y lo use para su gloria.

Preguntas para reflexión

¿Cuál fue el principio central que aprendió de esta lección?

De los nueve principios que mencionó Comiskey, ¿cuál le llamó la atención? ¿Cómo permitirá que Jesús implemente ese principio?

¿Cómo puede aplicar estos principios a su vida diaria?

Recursos sugeridos:

Libros:

—   *Viviendo en Victoria: 9 Verdades Espirituales para la Transformación y la Renovación (Capítulos 1-10).*

Artículos en Internet:

Confía que Dios Está en Control
La Gracia de Dios Nos Ayuda a Vivir Vidas Saludables
Tome Tiempo Diariamente Para Cuidar Su Propia Alma
Priorizando Tu Círculo Íntimo
Día de Descanso: Solo Detente
La Importancia del Ejercicio
Comer Bien

Descargue este PowerPoint

PowerPoint de Joel Comiskey sobre esta lección:

https://tinyurl.com/5xbjye4a